독도연가

seein 시인들선 0068

독도 연가
獨島戀歌

홍찬선 제13시집

문화발전소

시인의 말

독도포기역적죄를 고발합니다.
독도는 대한의 장남입니다.
장남을 부정하는 것은 가족을 버리는 것이고, 가족을
포기하는 것은 사람이 아닙니다.
독도가 한국 영토라는 증거가 없다고 망발해대는 것은, 독도가
지네 땅이라고 생떼 쓰며 집단적 사이코패스 증상을 보이는
일본의 억지 주장에 동조하는 것입니다.
독도가 한국 영토임을 보여주는 지리적 역사적 국제법적
증거가 넘치는 데도,
독도는 한국인을 지배하는 반일종족주의의 가장 치열한
상징이라고 헛소리하는 놈들을 독도포기역적죄로 고발합니다.
그런 미친 소리에 맞장구치는 얼빠진 놈들을
독도포기역적동조죄로 고발합니다.

독도는 철이 날 때부터 가슴을 꽉 붙드는 큰 숙제였습니다.
독도에 대해 잘못 알려진 채 사람들 입에 오르내리는 오류들,
독도가 자기네 땅이라고 억지 부리는 일본인들, 일본의 그런
생떼가 옳다며 맞장구치는, 일부 정신 나간 사이비 지식인들,

그런 잘못들을 반듯이 세우는 것은 단 하루도 늦출 수 없는 시급하고도 막중한 과제였습니다.

이제 더 이상 숙제를 늦출 수 없었습니다. 시인이 되어 시를 본격적으로 쓰기 시작한 2016년부터 틈틈이 써 온 독도에 대한 시와 시조, 2019년 독도에 직접 상륙해서 쓴 시들을 모았습니다.

마침 울릉도에 있는 독도의용수비대기념관에서 9월 6일부터 10월 17일까지 '독도의용수비대 캘리그라피 특별전-독도 이야기를 품다'가 열립니다. 그 전시회에서 제가 쓴 시 30편 가까이가 캘리그라퍼들의 붓을 통해 소개됩니다. 이번 특별전과 시집은 독도에 대한 관심이 더욱 높아지는 계기가 될 것입니다. 앞으로도 독도 시를 계속 쓸 것을 약속드립니다.

광복절 77주년을 보내며
한티 우거에서
덕산德山

mokcha

시인의 말 ——— 4
독도 연가 서시 ——— 10

1장, 생명

독도는 외롭지 않다 ——— 14
우산봉 333계단을 오르며 ——— 18
독도 새우 ——— 20
강치 ——— 21
괭이갈매기 ——— 22
불침번 ——— 24
사랑 ——— 25
카디즈 KADIZ ——— 26
독도에 서면 ——— 28
이승만 평화선 ——— 29

2장, 장남

연대기 ——— 32
탄생 ——— 41
생명의 섬 ——— 44
새와 물고기의 고향 ——— 49
석도 ——— 53
독도의 날 ——— 56
얼음 가스 ——— 59
자격지심 ——— 62

3장, 독간대

신새벽을 달리며 ——— 64
장판물결 ——— 66
반성문 ——— 68
말 편지 ——— 70
독도별곡 ——— 71
독간대 ——— 72
안용복 ——— 74
최종덕 ——— 75
물골 가는 998계단 ——— 76

독섬 ——— 77
독도 연 ——— 78
다시 만날 날 ——— 79
독도 이야기를 품다 ——— 80

4장, 울릉도 별곡

포항에서 울릉도까지 ——— 82
도동항 저동항 ——— 83
촛대바위 해돋이 ——— 84
성인봉을 오르며 ——— 86
섬말나리 ——— 87
성인봉 ——— 88
갸웃하는 다윈 ——— 89
봉래폭포 ——— 90
바위 아파트 ——— 91
흑비둘기 ——— 92
석향 ——— 94
호박엿 ——— 96
씨껍데기술 ——— 98

따개비 칼국수 ——— 99
용오름 ——— 100

시를 쓰다 밤샘한 날에-종시 ——— 102

독도론
독도가 대한민국 영토인 4가지 이유
이영훈 비판 · 홍찬선 ——— 105

독도연가
—서시

나는 사랑이라 하고
너는 무심이라 한다

말뿐인 사랑은 메아리가 없고
메아리 없는 사랑은 공허한데
얼빠진 이웃의 망언이 나올 때만
말사랑 한바탕 쏟아내다 말 뿐

사그라드는 나쁜 사랑
눈물 자아내는 거짓 사랑

너는 무심이라 하고
나는 사랑이라 한다

그토록 눈 빠지게 기다리는데
그토록 목 터지게 외쳐대는데

사랑한다는 말은 물결에 흔들리고
보고 싶다는 말은 바람에 날려가고

그토록 서러운 울음 꿀꺽 삼키는데
그토록 힘겨운 버팀 혼자 맡았는데

함께 한다는 말은 들리지 않고
끝까지 지킨다는 약속은 출렁대고

나는 사랑이라 부르고
너는 무심이라 답한다

1장. 생명

독도는 외롭지 않다

누가
독도를
외로운 섬이라 했나

무망대해無望大海
기댈 것 하나 없는
동해에 우뚝 솟은
큰 섬

우산봉 대한봉 짝 이뤄 기틀 잡고
촛대봉 탕건봉 삼형제굴 부채바위
큰, 작은 숫돌바위 오작교 하나 되는 곳

독도는 상상력 덩어리
독도는 젊음의 꿈
독도는 대한민국 미래

갈매기 떼 지어 환영 합창하고
켜켜이 쌓아 올린 역사의 절벽
독도국화 독도백리향 독도사철나무 독도보리수…

보이는 것
헤아릴 수 없이 많고
바다 속 보이지 않는 것
훨씬 더 많은

설렘은 아쉬움으로
아쉬움은 다짐으로
다짐은 거듭남으로 바뀌는 지금

틈마다 결마다
생명 돋아나는 곳

독도는
절대 외롭지 않다

Dokdo is not alone

Who says Dokdo is Alone island
In the boundless open sea
The Great Island
Nothing relying on rearing in East Sea

Woosan peak at East, Daehan peak at West
Paring together preparing base
Fan and big, small whetstone rock
Candlestick Tanggun peak Three brothers cave

Being one through Loving Bridge
Dokdo is imagination spring
Dokdo is the Korea's Future
Dokdo is dream of the young

Seagulls sing a welcoming song in a group
Dokdo's chrysanthemum, thyme, spindle and bo tree
Taking roots on the History Cliff
Seeing's incalculable Unseeing is more than more

Throbbing is regretting Regretting is promising
Promising is re-birthing Now changing Be
At the every chance At the every veining
Dokdo is not absolutely Alone Life sprouting, Here

우산봉 333계단을 오르며

층층 계단 오른다
대한의 동쪽 끝 동도,
우산봉 오르는
계단 삼백 삼십 삼 개

계단 하나에 설움을
계단 하나에 반성을
계단 하나에 다짐을
계단 하나에 미래를
계단 하나에 꿈을
싣고 실어 가슴으로 오른다

구십팔 미터 깎아지른 절벽을
꺾임과 굽이로 숨 고르다
건너 편 서도西島, 대한봉 아래
자리 잡은 독도주민 김신열씨 집
탕건봉 촛대바위 삼형제굴 숫돌바위
하나하나 눈에 새기며 오른다

빼앗긴 나라 되찾기 위해

목 터져라 외친
기미독립만세 운동의
민족대표 삼십 삼 인의
열배 백배 만 배 모여

억지를 더 이상 쓰지 못하게
조선 고구려 기상 되살리려는
각오로 오른다

독도 새우

외로움 사무쳐서
빨개지고 가시 났나

법 어긴 일본 남획
싸우다 입은 상처

꽃 같은
빨간 줄무늬
휘날리는 꽃새우

그 모양 도화새우
닭새우로 불리다가

강치를 부르느라
실핏줄 터진 동해

쫀득한
내 살을 먹고
한의 역사 풀어라

강치

배달의 큰 아들 섬 강치 쉬던 가제바위
일본인 너무 잡아 멋진 그대 그린 나날
주인을 잘못 만난 죄 원한 풀 날 그 언제

태정관 울릉 독도 일본영토 인정 않고
광무제 대한칙령 한국영토 밝힌 선언
몽둥이 맛 봐야 그칠 어리석은 그 생떼

초중고 교과서에 자기네 땅 억지 주장
하늘 땅 사람 모두 아는 사실 왜곡하면
강치가 다시 돌아와 복수 천벌 내리리

괭이갈매기

아장아장 삐~ 삐~
뒤뚱뒤뚱 삐약삐약
쪼르륵 쪼르륵

우산봉
독도경비대 초소를 오르는
333계단 옆 좁은 풀 섶에서
갓 태어나 솜털 보송보송한
병아리가 반갑다고 인사를 한다

난간 위에선
립스틱 바른 노란 부리 앙 다문 채
초조하게 앉아 있는
괭이갈매기 엄마 아빠가
경계의 몸짓을 늦추지 않고

한 번 짝을 맺으면 평생 해로하며
지극정성으로 새끼 키우는
그 굳은 믿음과 의지로
대한의 장남을 지켜내고

노란 눈에 빨강 안경까지 쓴

그 밝은 눈으로

꽁치 불볼락 청어 도루묵 쥐노래미가

많은 곳을 어부들에게 알려주는

독도의 수호천사!

머리 가슴 배에

흰 옷 곱게 차려 입고

등에 잿빛 갑옷 두르고

꼬리 깃에 검은 띠를 질끈 매고

오늘도 독도 하늘을 초계비행 한다

*봄부터 가을까지 독도에 8000~1만 마리가 날아와
알을 낳고 새끼를 키우는 괭이갈매기는
천연기념물 336호다.

불침번

동해가 잠들어도 독도 온몸 홀로 지새
파도가 철새 따라 함께 놀자 꼬드겨도
미친 놈 망할 소리에 수신제가 평천하

독도는 잠들지 않는다
흰 물결 살랑대며 자장가로 유혹해도
초승달 하품하며 동살에게 안녕해도

독도는 잠들 수 없다
뭍사람들 안락한 잠자리 지키기 위해
옆 나라 집단 사이코패스 넘보지 못하게 하려

독도는 늘 깨어 있다
목마르고 배고픈 갈매기 쉼터 마련하고
깎아지른 비탈 길 해국 사철 보살피려

독도는 행복하다
잠자지 않고 늘 깨어
한머리 장손, 첫 햇살 받는다

사랑

감기몸살로 누워 있을 순 없다
뻔뻔하고 파렴치한 역사로
한민족에 회복할 수 없는
큰 죄 지어 천벌 받을 일본

여전히 반성할 줄 모른 채
독도를 지네 땅이라고
초중고등학교 교과서에 실어
생떼 부리고 억지 쓰는
집단적 사이코패스

일본의 살아있는 양심들은
모두 어디에 숨었나
대한의 쇠뿔 단김에 빼는
그 기개 어디에 감췄나

하늘이
땅이
역사가
우리가
지켜보고 있는

천지만물 소생하는 춘삼월 이 때
감기몸살로 누워 있을 순 없다

카디즈 KADIZ

용서해선 안된다
격추시켜야 한다
약한 모습 보이면 당하게 마련
당당하게 우리 주권 지켜야 한다

독도 상공 KADIZ,
한국항공식별구역 침범한
중국 러시아 군용기도 용서할 수 없고
더 어처구니없는, 일본이 억지부리지 못하게 해야 한다

그건 우리의 권리이자 의무
지키지 못하면 침략 당한다는 건
임진왜란 갑오왜란 갑진왜란 을사늑약 경술국치에서
뼈저리게 당하고 당했던 것

한국항공식별구역이
국제사회에서 영공으로 인정받지 못한다는
중.러 궤변은 한국 깔보는 파렴치한 비인간,
그걸 이용하는 일본은 부끄러움 모르는 늑대,

대한민국 영토 영해 영공 지키는 건
대통령과 국회의원과 헌법기관과 국민의
그 어떤 핑계도 댈 수 없는 신성한 의무다

중 러 일 망언과 망동 참아서도 용서해서도 안된다
필사즉생의 각오로 반드시 응징해야 한다

독도에 서면

독도에 서면 저절로 안다
뱃길이 그다지 거칠지 않다는 것을
동해 용왕이 그렇게 심술꾸러기가 아니라는 것을

우산봉에 서면 저절로 느낀다
독도를 공짜로 지키는 게 아니라는 것을
괭이갈매기가 왜 그리 반갑게 맞이하는지를

우산봉 태극기 아래에 서면 저절로 밝아진다
두 발이 후들거리는 게 배멀미 때문만은 아니라는 것이
가슴 벌렁벌렁 대는 게 333계단 오른 탓만은 아니라는 사실이

이승만 평화선

영토와 영해를 지키는 것은
이승만 대통령처럼 하는 것이다

불법으로 침략한 김일성 공산당과
힘겹게 전쟁하는 가운데서도
일본의 독도 접근을 무력으로 막았다

오직 일본과의 평화를 유지하기 위해
일본의 항의에도 아랑곳하지 않고
평화선을 침범하는 일본 선박을 나포하자
미국도 클라크라인으로 인정해 주었다

샌프란시스코 강화조약 발효 100일 앞둔
1952년 1월18일, 대통령 긴급명령으로
60해리 평화선을 국내외에 선포하고

포획심판령까지 만들어
1965년 한일어업협정이 체결될 때까지
평화선을 침범한 일본 선박 328척을 나포해
일본인 3929명을 법무부 형정국형무소에 가뒀다

이승만 평화선은 6.25전쟁 한가운데서도
독도가 한국 영토임을 확실히 지켜냈다

2장, 장남

연대기

태초에 하늘이 우르릉 쾅쾅 열리고
태초에 땅이 소리 없는 우레로 응답해
하늘 땅 부름 받고, 삼한이 일어섰다

마당이 펼쳐지자 기운과 기운이
서로 서로 사귀어 새 생명 잉태하고
서로 서로 다투며 어린 목숨 키웠다
서로 서로 싸우며 삶 터전 마련하고

하늘과 땅 서로 어울려 사는 생명들
어여삐 여겨 새 누리 펴리라 다짐한
하눌님, 따듯하고 넉넉한 말씀 울렸다

이 삼한 땅에 멋진 배달겨레 살아라
이 삼한 땅에 아름다운 삶 가꾸라
이 삼한 땅에 기름진 역사 있으라
이 삼한 땅에 인류의 문화 피워라

그 말씀으로,
환웅이 태백산에 내려와
신단수 아래서 신시를 활짝 열어

사람, 사람들을 널리 이롭게 하고
누리를 구제하며 이치로 다스렸다

홍익인간!
제세이화!
봄바람 불어오듯
넓고 넓은 삼한 땅
고루 비쳐 펼 때

동해 한가운데 자리 잡은
우산국, 바다의 험함만 믿고
그 바람을 거부했다
그 치명적인 패착

신라 지증왕이
이찬 이사부 장군에 맡겨
우산국 감화시키고
삼한 강역으로 삼았다

함께 잘 사는 나라
더불어 웃으며 행복 가꾸는 사회

이웃집 숟가락 숫자와 생일 제사
모두 다 술술 꿰는 동네
만드는 일은 훼방꾼이 있게 마련,

바다 물결 높고 나아가는 배 낮아
오가는 사람 드물자
섬은 섬대로
육지는 육지대로
사는 삶으로
우산국은 시나브로 멀어졌다

하나인 게 떨어져 살 수는 없는 법
기록에 없다고 역사가 사라지지 않는 법
멀리 가면 반드시 돌아오는 법

조선 태종 때 우산국이 되돌아왔다
어전 회의에서 공조판서 황희가
울릉도에 사는 사람을 육지로 데려와
섬을 비우는 쇄출 정책을 건의하고
태종이 받아들였다
그렇다고 아주, 비워 두지는 않았다

세종은 울릉도를 무릉도,

독도를 우산도라 부르고
김인우를 '우산무릉등처안무사'로 삼아
육지에서 세금 피해 달아난
사람들을 붙잡아 오는
쇄환수토刷還搜討 정책을 이어갔다

안용복은 숙종 때
박어둔 등 울산 어부 40여 명과 함께
울릉도에 고기 잡으러 갔다가
술 마시고 잠든 사이
무단으로 침입한 일본 어부들에 잡혀
대마도로 끌려갔다

전화위복이란 이런 것이었다
안용복은 전혀 기죽지 않고
일본 조정과 당당하게 담판해
울릉도와 독도가 조선 땅이니
일본인이 함부로 침범할 경우
알려주면 엄중히 처벌할 것이라는
일본 문서를 받아 돌아왔다

그런데, 아뿔싸…
영웅은 영웅 대접을 받는 대신

죄인으로 유배형에 처해져
언제 어디서 죽었는지조차
알려지지 않은 채 사라졌다

허가 없이 국경을 넘은
월경죄를 지었다는 도그마에 무젖은
주희 성리학자들은 사형을 주장했지만
국가가 하지 못한 큰일을 한
공로가 받아들여져 사형을 면한 게
다행이라면 다행이었고

눈 밝은 성호 이익이 뒤늦게
안용복을 진정한 영웅으로 알아보았다
장수로 발탁해 쓰는 대신
꺾고 빠뜨리는 데 여념이 없었으니
슬프고 안타깝다는 것,

미천한 일개 군졸로
만 번의 죽음을 무릅쓰고
국가를 위해 강적과 겨루어
간악한 싹을 잘라 버리고
누대의 싸움을 그치게 하고
한 고을의 땅을 회복했으니

부개자傅介子와 진탕陳湯보다*
더 뛰어난 일을 해냈다는 것,

좋은 일은 혼자만 하는 게 아니었다
누가 가르쳐 주지 않아도
고구마를 씻어 먹는 101번째 원숭이처럼

안용복과 비슷한 시기를 살았던
장한상은 '울릉도사적'을 남기고
박세당은 '울릉도'란 글 지어
울릉도와 독도가 조선 땅임을
명백하게 설명했다

일본도 '은주시청합기'란 보고서에서
울릉도와 독도가 조선 땅임을
확실하게 기록해 놓았고

명치 정부의 최고 국정책임자였던
태정관太政官도 울릉도 독도가
일본 땅이 아니라 조선 영토임을
태정관지령으로 밝혔으며

고종황제는 1900년 10월25일

대한제국칙령 제41호를 발표해
울릉도와 독도가 대한의 땅임을
근대국제법적으로 온 세상에 알렸다

일본 어부가 독도 근해에 와서
물고기를 잡으면 울릉도에서
세금을 꼬박꼬박 낸 것은
이런 역사적 국제법적 근거에 따른 것,

일본이 독도를 자기들 땅이라고
우기기 시작한 건
러일전쟁에서 승리한 뒤
대한제국의 국정을 농락하면서부터

일본 시마네현은 1906년 2월22일
시마네현고시 제40호에 다케시마(독도)를
시마네현의 행정구역으로 편입한다고
현청 내 회람문으로 고시했으나

이것은 억지주장!
중앙정부의 관보에 게재하지도 않았고
이해관계가 있는 국가에게 통보하지도 않았으며
시마네현은 영토를 결정할 외교기관도 아니라

국제법적으로 원천적으로 무효!

태평양전쟁에서 승리한 미국과 연합군은
독도가 대한민국 영토임을 명백히 밝혔다
카이로선언에서,
포츠담선언에서,
연합국최고사령관지령(SCAPIN) 677호에서,

김일성이 일으킨 동족상잔 6.25전쟁으로
피점령국에서 독립국으로 기사회생한
일본은 온갖 속임수와 로비를 통해
독도를 대한민국 영토에서 제외하고
일본 영토에 포함시키려고 획책했으나
샌프란시스코 평화조약에서도
독도는 여전히 대한민국 영토로 인정됐다

일본이 아직도
독도가 지네 땅이라고 우기는 건
눈이 그르게 박힌 것
양심이 크게 뒤틀린 것

눈이 그르고
양심이 뒤틀린

일본의 억지 주장에
동조하는 건
반민족 역적 신新 친일파!

독도는
대한민국 국민이 살고
대한민국 경찰이 치안을 맞으며
대한민국 우표를 붙이면 편지가 가는
명실상부한 대한민국 영토다

독도가 생겨난 바로 그때부터
배달겨레가 맘만 먹으면 갈 수 있는 지금까지
우리 아들 딸의 아들 딸들이 살아갈 미래까지….

탄생

옛날, 옛날에
까마득한 날보다
더 옛날에

밝은 한울님,
밝은 아드님이
사람을 크게 이롭게 할 땅
어여삐 여기는 것 알고서

바람과 구름과 비를 다스리는
풍백과 운사와 우사를 거느리고
태백산 신단수 아래 내려와

곰과 범에게 쑥과 마늘을
백일 동안 동굴에서 먹고 버티라며
참을성 시험했던
그 옛날보다 훨씬 옛날에

해 뜨는 바다
동해 한가운데 활짝 열려
부~울~쑥 부~울~쑥 불~쑥

불~쑥 불쑥 불쑥…

저 깊은 바다 속
깊고 깊은 심연에서
욕심을 내려놓고 몸과 마음을 닦던
불 바위 덩어리가
불쑥 불쑥 솟아올랐다

치~이~익 치~익 치익
우산봉 먼저 달려
아우들 맞이할 터 잡고

처~얼~썩 철~썩 철썩
대한봉 이어 달려
북풍한설 막을 담 치고

탕건봉 삼형제굴 촛대봉 잇따라 달려
칠월칠석 날 밤
베 짜는 소녀와 소치는 소년이
만날 수 있도록 오작교 만들고

소년과 소녀가
만나고 헤어지고 그리워하며

흘리고 삼키고 또 흘린
눈물이 풀과 나무와 꽃 키우고

풀과 나무와 꽃은
새들이 지친 날개를 쉬며
사랑을 나누는 보금자리 만든 곳

독도여
그대는 배달겨레 터 잡은
삼한의 장손

독도여
그대는 동살 햇귀 가장 먼저 받아
대한민국 밝히는 생명

독도여
그대는 울릉도를 한달음에 뛰어 넘어
하늘 못과 하얀 사슴 못 지키는 수호신

독도여, 외로워하지 마라
독도여, 서러워하지 마라
독도여, 삶의 활기 두루두루 나눠라

생명의 섬

돌로 된 섬
독도에 생명이 넘친다

살에는 북풍한설을
수억 살 바위로 거뜬히 이겨내고
바람 타고 바위틈에 자리 잡은
씨알,

싹을 틔운다
때 맞춰 내린 단비 먹고
따듯한 봄 햇살 받아

민들레
방가지똥
땅채송화
섬기린초
꽃을 피운다
기적처럼,

비구름만 스쳐도

파릇파릇 사는 이끼

처녀 가슴 콩당콩당
봄바람 타고
보일 듯 말 듯 수줍게
미소 짓는 별꽃

지기 싫다고
노랗게 곁눈질하는
괭이밥

코 묻은 소매에 눈물 삼키고
어깨동무하며 보릿고개 함께 넘는
제비쑥

제주도처럼 화려하진 않아도
당당히 어깨 펴는
평지*

동의보감에 올라 있는

민간약초
소루쟁이

바위 틈과 모래를 벗 삼은
섬갯장대와 갯까치수염

전주 모악산 가는 길
귀신사歸信寺 비구니가
항암효과 있다며 웃음으로 건네준
까마중

빨개진 얼굴보다
더 부끄러운
참나리

가슴 저 아래까지
바싹바싹 부수듯
더이상 참을 수 없어
바닷물이라도 마셔야겠다며
몸부림치는 한여름 볕
온몸으로 품어
보라로 피는
맥문동

독섬 찾은 하늘비 달게 마시고
흰 젖 만들 듯, 하얀 꽃 뽐내는
박주가리

신선처럼
가볍고 맑게
하늘 오르는
천문동

배 돌멩이 자동차 양철지붕 비닐하우스
가리지 않고 닥치는 대로 날려버리는
태풍의 거친 손갈퀴가 휘두르는 심술을
부드러운 의지 하나로 살랑살랑 넘겨버린
돌피
물피
억새
강아지풀

바람아 고맙다고 인사하는
왕김의털 도깨비바늘

바람만 상대하는
벼랑 바라보며

아스라이 하소연하는
해국

막걸리 한 잔 걸치고
발그레 미소 건네는
술패랭이

우산봉 정상
천장굴 지키는
늠름한 사철나무

저마다의 뜻대로
저마다의 모습으로
살다가 죽고
죽었다 되살아나는
생명으로

독도는
오늘도
생명의 합창 부른다

*평지; 일제강점기 때 유채油菜로 창씨개명 당한
 우리 고유의 꽃 이름.

새와 물고기의 고향

숫자는
게으른 사람만이 얽매이는
얼빠진 환상

빛이 1년 동안 가는 거리와
바다와 산이 바뀌는 시간과
누구도 상상할 수 없는
인내를 이겨내는 기다림을
견뎌본 사람만이 알리라

6300만 전 번성했던 공룡이
그 거대한 몸뚱이를 이기지 못해
점점 커지는 파충류가
쌍떡잎식물에 주인 넘기고

바다 밑 땅
불덩이로 솟아올라 바위산 되고
뫼와 들
아래로 쑥 꺼져 타이타닉 수장묘 되듯

동해 바다 불쑥 솟아올라
우산봉 대한봉과 여든아홉 개 바위 낳고
풀과 나무가 자라 새들의 보금자리 되어
강치 쉬며 뛰노는 벗 섬으로 거듭났다

하늘과 땅
남과 여
암술과 수술
서로 만나 사귀듯

북쪽의 차가운 한류가
남쪽의 따듯한 난류와 어울리듯

코끼리바위 넙덕바위 군함바위 지네바위 사귀어
가제굴과 물골에서 새 생명 키우고

신의 손으로도 빚기 어려웠을
개성을 물씬 풍기며
삼형제굴 촛대바위 한곳이바위 얼굴바위가*
모양대로 사연 듬뿍 담아
역사 만들어 내고

외롭지도 지루하지도 않게

플랑크톤 듬뿍듬뿍 잡아먹은
대구 꽁치 쑥쑥 크고
명태 오징어 전복 소라 미역 다시마가
시간 줄여가며 사는 황금어장

그곳에 살던 바다사자,
어둠 밝히는 기름으로
가방 만드는 가죽으로
살코기는 식량으로
뼈다귀는 비료로
소처럼 도움 되던 강치,

가제로 불리던 귀염둥이 강치는
오로지 코앞 이익에만 눈이 먼
일본인들의 마구잡이 남획으로
보려고 해도 볼 수 없게 된 지
어언 오십여 년

주인 잘못 만난
크나큰 죄와 원한
그 언제나 풀까

대한제국 광무황제의 칙령도

일본제국 명치천왕의 태정관령도
모두 함께 독도는 대한의 영토임을
명명백백 밝히고 있는데

아직도 초중고 교과서에서
자기 땅이라 우기는 일본에
사라졌던 강치가 다시 돌아와
몽둥이찜질로 천벌을 내리네

*한곶이; 반도半島는 동양에 없는 용어였다.
 한반도韓半島는 일제강점기 때, 일제가 대한제국을
 폄하하기 위해 peninsula를 반도로 번역하면서 만든 말.
 일본은 완전한 섬인데 대한제국은 대륙도 아니고
 섬도 아닌 반쪽 섬이라는 뜻을 담고 있다. 한반도 대신
 '한곶이'라는 말을 쓰자는 사람이 있고, 한머리라고
 부르자는 주장도 있다. 대한민국 헌법 제3조 "대한민국
 영토는 한반도와 그 부속도서로 한다"의 '한반도'도
 다른 좋은 이름을 찾아 바꾸는 게 바람직하다고
 생각한다. 말과 용어는 모르는 사이에 사람의
 인식과 행동을 지배하고 좌우하기 때문이다.

석도

세종대왕은 이름이 여럿이다
본래는 이도李祹이고
자는 원정元正이며
대군 때는 충녕忠寧으로 불리다
시호는 장헌莊獻으로
묘호는 세종世宗이 되었다

이도가 원정으로
원정이 충녕으로
충녕이 장헌, 세종으로
바뀌었다고 해서
모습이 변했다고 해서
이도가 세종이 아닌 게 아니고
원정은 충녕과 같을 뿐이듯

독도도 이름이 여럿이다
역사가 오래다 보니
신라 때는 우산국에 포함된 섬
조선 때는 우산도
대한제국 때는 석도
지금은 독도로 불린다

일본이 주장하는 건
우산도와 석도
석도와 독도가
같지 않은
다른 섬이라는 생떼,

대한제국 칙령에 나오는
석도石島는
울릉도에 살던 사람들이
돌섬이라는 뜻으로
독섬이라 부르던 것을
뜻을 따 한자로 표기한 것

심흥택 울릉군수의 1906년 보고서에 나오는
독도獨島는
독섬의 독을 독獨으로 음독하고
섬을 도島로 훈독해서 적은 것

임금이 하교하는 교지와 칙령에는
우리말을 정식 한자로 표기하고
관리들이 쓰는 보고서에는
이두식 한자를 쓰는 관행에 따른 것이어서
돌섬 독섬 석도 독도는

모두 같은 이름인데

울릉도를 마쓰시마松島로
독도를 다케시마竹島로
부르는 일본 스스로도 옛날에는
울릉도를 다케시마로
독도를 마쓰시마로
불렀는데

석도가 독도가 아니라고
억지 부리고 생떼 쓰는 건
성과 이름을 바꾸라고 강요한
창씨개명創氏改名과
행정구역을 마음대로 고치고
고을 이름도 멋대로 바꾼
창지개명創地改名의 폭력을
다시금 휘두르는 것

똑똑한 대한사람들을
기억상실증 환자로 여기는 착각이자
일본인 스스로 집단 사이코패스임을 보여주는 것
착한 이웃을 잃어버리고
국제적 미아가 되는 것

독도의 날

10월 25일은 독도의 날,
대한제국 광무황제 고종이
1900년 10월 25일
독도의 영유권을
근대 국제법 요건에 맞춰
확립한 바로 그날을 기념하는 날

일본 시마네현이 6년 뒤
도둑처럼 슬그머니 독도를
자기 네 현 소속으로 넣은 건
국제법적으로 아무런 효력 없는 억지다

이봉창 의사가
대한의 원수인 일제 수도 동경에서
윤봉길 의사가
일제침략으로 신음하는 중국 상하이에서

대한남아의 얼이
하늘의 벼락 되어
적을 혼비백산시킨 것은
그런 억지가
발붙이지 못하게 하려던 응징이었다

두 분의 숭고한 뜻과
식지 않는 뜨거운 충정과
굽히지도 꺾이지도 않는 의지가
얼어붙었던 중국인들의 가슴을 뜨겁게 깨웠고

장개석 총통이 카이로에서
대한민국의 독립을 관철시켰다
대한민국을 신탁통치 하려는
루즈벨트와 처칠의 음모를
임시정부의 힘으로 분쇄시키고

그분들의 희생
그분들의 얼
그분들의 뜻이
헛되지 않아 대한민국 잃었던 빛 되찾고
삼한의 동쪽 끝 독도에 새 해 벌겋게 솟았다

일본을 점령한 연합군은
'SCAPIN 677'을 밝게 밝혀
독도가 한국 영토임을 천명했고

독도를 사랑해 목숨 바쳐 지킨

홍순칠 의용대장과
독도의 물골을 찾아 사람 사는 섬으로 만든
최종덕 첫 독도 주민과
독도가 한국 영토임을 증명하는 자료 챙긴
유미림 교수와
독도는 일본 영토가 아님을 증명하는 법령을 찾은
김신 교수와
독도의 구석구석에 이름을 붙이고 꽃과 풀을 찾아낸
안동립 교수와
독도가 한국 영토라는 1500년 역사 밝힌
호사카 유지 교수를

독도는
그 사람들을 똑똑히 기억해
그 아들과 그 아들
그 아들의 손자 증손자
현손자의 현손자에게까지

그 옛날 만주를 호령하던
삼한대통합을 다시 이룰 때까지
그 빛나고 아팠다가
다시 빛나는 역사를
잇고 잇는다

얼음 가스

넘실거리는 물결 아래
저 깊은 독도 바다 속에
활활 불타오를 얼음 가스,
메탄 하이드레이트가 잠들어
우리의 손길을 기다린다,
애타면서도 느긋하게

그 양은 무려 6억 톤
대한민국이 30년 이상 쓸 수 있고
금액으로 따지면 150조에서 300조원

독도 앞과 뒤
독도 왼쪽과 오른쪽
넓고 깊은 바다에서 살다 죽은
미생물들이 썩어서 생긴 퇴적층에
메탄가스와 천연가스와 물이
높은 압력과 매우 낮은 온도로
얼어붙은 거대한 고체연료 덩어리

눈 맑고

귀 밝으며
가슴 열린
그 사람!

백우현 박사가
1997년 12월과 1998년 5월
러시아과학원 소속 무기화학연구소
쿠즈네초프 연구소장에게서
독도 바다 메탄 하이드레이트를
처음으로 들었다

일본이 끈질기게
독도가 자기네 땅이라고
억지 부리는 것이 바로
엄청난 메탄 하이드레이트

독도가
대한민국의 장남 독도가
그저 새와 물고기들의 고향인
바위섬이 아니라
상상할 수 없는 보물섬이라는 것을

햇볕 닿지 않는

바다 밑 200m 아래엔
미네랄 풍부한 물
대한민국 겨레 건강 지켜줄
해양심층수가 흐르고

공해가 없는 천연비료를 만들고
가축의 사료로 이용되는 인산염암과
망간과 니켈, 구리와 코발트를 함유한
망간단괴도 듬뿍 품고 있다는 것을

눈 맑고
귀 밝으며
가슴 열린
그 사람이 알려주었다

자격지심

핑계 대지 마세요
당신 사정을 좀 아니까요
오늘은 어려워도
내일 오면 되잖아요

거짓말은 하지 마세요
하루 하루 사는 게 어려우면
그냥 힘들다고 하세요
모레쯤이면 술술 풀리겠지요

어제 쌓은 진실이 오늘을 만들고
오늘 부은 믿음이 내일을 밝히고
내일 넣은 노력이 모레를 살찌우고
어제 오늘 내일이 모레를 열잖아요

있는 그대로 털어놓으세요
내가 보채지 않고 잡아줄께요
함께 손잡으면 거센 물살쯤
거뜬히 이기고 언제든지 오갈 거예요

3장. 독간대

신새벽을 달리며

설렌다 가슴 띈다
첫사랑 만나는 듯

뜨겁던 너 만나러
가는 날 흥겹구나

한밤중 문득 일어나
잠 못 이룬 속사정

달린다 숨 가쁘게
신 새벽 가르면서

황홀한 꿈결인 듯
누빈다 동산東山 곳곳

발갛게 깨어난 산하
물들이는 마음결

다가간 동해 어디
외로움 보듬듯이

목 타는 가뭄마저
가시게 만들 존재

갈증을 해갈할 바람
단비인 듯 맞을 너

장판물결

말갛게 열린 하늘
새 역사 새로운 삶

모두가 하나 되는
꿈꾸는 세상 중심

오래된
미래 펼치듯
포말 남긴 물보라

숨과 눈 지긋하게
천지인 감응하듯

두 손 맘 함께 모아
부드러운 바람 물결

동해를
같이 지키려
비단길 낸 용왕님

내 마음 네가 알고
너의 뜻 내가 알 듯

하늘 땅 바다 바람
추임새 장판 물결*

오십오
하늘 땅 맞아
하나 되는 너와 나

*장판물결: 방이나 마루의 장판처럼 잔잔한 물결

반성문

이렇게 올 수 있기까지
독도야,
너는 내 전부였다

새벽 잠 못 이루고
가벼운 배 멀미로 메스꺼움이
눈꺼풀 내리누르는 여독 쯤은 감수했다

이렇게 와서야
우여곡절 겪은 뒤에 비로소
너를 만날 수 있는 것
부끄러워하노라

숙취 한 번 덜 빠지고
비싼 자치기 두어 번 결석하고
약간의 섭섭함 뒤로 했다면
좀 더 일찍 왔을 텐데

이렇게 올 수 있음에도
이렇게 늦은 것은

모든 게 핑계였구나

바쁘다는 것
생활하기에 빠듯하다는 것
여기저기 가야 할 곳 많다는 것

오십오 년 동안
어디서 누구와 무엇 하느라
이제 왔나

이렇게 쉽게 올 수 있는 것을
마음이 물결벽마저 허무는 것을
사랑은 온몸으로 해야 하는 것을

말 편지

독도가 지긋이 웃으며 속말을 전한다
비워야 채워지고 채움은 빔이 된다고

바다는 물결로 나에게 말을 건다
부드러운 상냥한 미소 띠고
독도 잘 보고 많은 것 안고 가라고

수억 년 수만 년 말 걸어도
그 뜻 알지 못해 가끔 심술부리는 것
이해하라며 잔잔한 바람 보낸다

아무 것도 없으면서 모든 것 품는 바다
대한봉 우산봉 잘 지키고 있을 테니
가슴과 머리에서 잊지 말고 간직하라며

소리 없는 이별의 입맞춤을 튕기면서
다시 만날 약속은 하지 말고 오라 한다

독도별곡

爲民克己獨 위민극기독
東海深中島 동해심중도
身苦行心正 신고행심정
圖生退敵道 도생퇴적도

백성 위해 홀로 자기를 다스려
동해 깊은 한가운데 섬 되었네
몸 고되어도 마음 바르게 가져
외적 물리치고 살 길 찾는다네

독간대

수천 년 배달민족 삶의 기틀 일군 터전
백두산 정계비로 우리 땅임 증명했지
칠백리 영토 편입한 대한제국 광개토

이범윤 간도관리 실효지배 정착되고
한청간 국경협약 정계비 인정했네
사대로 잃어버린 땅 다시 찾은 광무제

청일간 간도협약 제멋대로 영토할양
근거법 을사늑약 강박탈취 원천무효
정의가 바로 서는 날 잃은 영토 수복일

독간대 한줄기로 사천리 배달민족*
인공섬 허리 절단 하나로 이어지게
온 국민 한마음 한뜻 담아보는 통일 꿈

독도를 독섬으로 외로움 삭혀주고
동해의 푸른 정기 한반도 감싸 안 듯
껍데기 날려 보내고 익어가는 알갱이

사랑 중 큰 사랑은 민족애 나라 사랑
어려움 함께 이겨 하나됨 한길이니
마파람 대마도 지나 간도까지 한달음

*독간대: 독도 간도 대마도.

안용복

안녕安寧히 살기보다 울릉 독도 지킨 기상
용龍이라 폼 잡았던 고관대작 못했던 일
복福넣어 상 줘야 할 일 곤장 유배 어인 일

안가면 빼앗기는 냉엄한 국제관계
용기를 지닌 지략 일본 막부 논리 묶어
복종만 강요한 조선 몰라봤네 수호장

생몰도 불명확한 짧은 삶 어찌 평안
우리 땅 지켰으니 신분타파 영웅 포용包容
이제야 제 평가 받아 만시지탄 형享 만복萬福

최종덕

최고의 꿈 이뤘지 제1호 독도 주민
종명終命의 급작스럼 딸과 지인 이어받아
덕불고 뜨거운 충정 피와 피로 연결망

최악의 자연환경 의지로 극복하고
종생終生의 한스러움 삶터로 남겼으니
덕진호 분신이 되어 울릉 독도 누빈다

못한 일 어디 있나 멋쟁이 브라보 최
불가능 가능으로 독섬에 울린 애종
태풍에 발목 잡혀도 끊임없는 칭송 덕

물골 가는 998계단

물길이 막혔다고
그대로 주저앉을 수는 없었다

돌아서 못가니
직접 가는 길,
하늘 길을 만들었다

맨 몸으로 오르내리기도 힘들고
자칫 미끄러지면 그길로
저쪽에 직행할 수도 있는 벼랑길

쉬운 일은 아니었지만
포기할 수는 없었다
독도에서 반드시 살아야 했기에

최종덕과 김성도는
태풍이 밀어닥치기 전에
길 뚫으려 대한봉을 달랬다

뜻이 있는 곳에 길이 열렸고
독도는 명실상부한 유인도 되었다

독섬

울릉도 석포에서
한 눈에 들어와도

독섬이 외로운 건
베일 속 가려진 몸

홍순칠
왜군 침입을
용납 않던 격전지

바다 속 달리다가
한숨에 날아올라

철새를 데려오고
물고기 불러내는

배달의
날개 휘날려
험한 시대 넘는다

독도 연

역사는
새 꿈에서 움트고
미래는
새 도전에서 만들어진다

독섬에서 날아오른 연은
동해 뚫고 솟은 둥근 해의
맑은 기운 받고 온 전령사,

독도가 대한민국 영토란 사실을
다시금 하늘에 또렷이 새겼다

한마음 한 뜻으로 띄운 연에
강치 되살아나는 간절한 바람 싣고
독도 국화 향기 사천리 강산에 펼쳐
일본의 억지를 잡초와 번뇌처럼 싹둑 잘랐다

새 꿈은 새 도전을 부르고
독도 연은 새 역사 만들며
함께 하는 희망은
새 조국 통일대한을 창조한다

다시 만날 날

오는 길 힘들어도
가는 발길 사뿐하다

수억 년 빚은 비경
이삼일에 물렸는가

성인봉
멀어져 가도
눈길 거둔 무덤덤

꿈꾸던 독도 상륙
실현한 지 이틀 만에

섭섭한 눈물 빚어
가는 길 붙잡는 듯

저 멀리
대한 우산봉
흔드는 손 보이네

독도 이야기를 품다

독도 사랑이
먹 내음으로 피어난다

멋진 붓글씨로
아름다운 세상을 만들어 가는
쉰 명의 캘리그라퍼들이

정성 들여 간 묵향을
붓에 듬뿍 찍어
독도 사랑 이야기를 담뿍 품었다

나라가 전쟁으로 보살피지 못할 때
스스로 의용수비대를 만들어
독도를 지켜낸 그분들의 뜻을 이어

독도는 대한민국 영토라는 사실을
붓 힘으로 온 누리에 명백히 알렸다

4장, 울릉도 별곡

포항에서 울릉도까지

뱃길을 여는 바다
비우며 띄운 햇살
잔잔한 빔 수놓고
저 멀리 닿은 하늘
금 따라
머릿결 풀고
가슴 치는 뱃고동

참음은 평화 위해
물 찬 제비 물수제비
큰 힘의 쌓음이듯
잠깐 한눈 파는 사이
동해의
용왕신 부른
해무 가득 채운다

비워야 채워지고
채움은 빔이 되어
이사부 넘던 물길
안용복 갔던 그 길
아, 포항
울릉도 뱃길
꿈결처럼 펼친다

도동항 저동항

그리운
울릉도를

십 년 만에
찾아오니

동해 물
세레나데

갈매기 떼
펼친 군무

도동항
추억에 묻고

북적대는
저동항

촛대바위 해돋이

하늘 문 새로 열리고
성인봉이
동해를 똑 똑 똑 두드리며
기지개 켜는 시간

켜켜이 쌓인 구름 사이로
새색시 볼연지 바르듯
불그스름하게 물들이며
살금살금 올라온 너

어서 보여 달라는 보챔을
지긋이 달래는 순간
짝짓기 하듯 요란하던
갈매기들이 숨을 멈췄다

철부지 아기파도만
밤새워 배고프다며
절벽에 이마 두드리며
처얼썩 철썩 어리광 부리는데

해님이 어서 나오라고
깨끗이 닦아 놓은 하늘 길을
검은 구름이 막아섰다
심술꾸러기 선생님인 듯,

쪽 해 보여주고 한 박자 쉬어
둥그런 해님 나오려는 그 때
온전한 모습 보여주지 않는 건
내일의 꿈을 더 생각해보라는 가르침이었다

성인봉을 오르며

이른 아침 숲길을 간다
새벽녘까지 주님을 모셨던
벗들이 밤과 낮을 바꿀 때

눈은 풀과 나무와 벼랑길 계곡을
귀는 산새들이 지저귀는 추임새를
코는 살랑살랑 스며드는 바다 내음을
벗하며 느긋하게 걷는다

나뭇잎 사이로 스며드는
햇살이 질투하는 듯
반짝반짝 어깃장 놓으며
메마른 유월 적셔주려고
비처럼 흐르는 땀을
달래고 가라며 윙크하는데

장단 맞추는 바람에 넘어가
막걸리로 고시래하고
주님의 도움 받으며
다시 힘을 낸다

섬말나리

성인봉
오르는 길

비늘줄기
주황색 꽃

울릉도
나리분지

자생하는
섬말나리

사라질
멸종위기 속

천연기념
희귀종

성인봉

동쪽 바다 한가운데 용왕님이 밀어 올려
곳곳마다 신비 절경 별유천지 울릉도라

나리분지 땅 속 깊이 엄청나게 큰 저수지
사시사철 생명의 물 끊임없이 샘 솟는다

울울창창 고마운 숲 골골마다 특효약초
심신건강 선남선녀 천장지구 사는 얘기

십년 만에 큰 땀 흘려 한달음에 오른 정상
하루하루 변함없는 교훈 주는 성인봉아

북쪽으론 나리분지 남편에는 저도사동
몽실 구름 점점 박힌 푸른 하늘 풀어낸 듯

훨훨 나는 제비나비 기우제를 지내는 듯
폴폴 피는 먼지 속에 내가 되어 흐르도다

갸웃하는 다윈

독도 가는 길목, 울릉도에선
다윈도 갸웃거린다

울릉도에서 제일 높은 나리분지를 둘러싼
외륜산의 으뜸, 성인봉聖人峰을 오르내리는
숲 양 옆길에서는 바스락거리며
여성 등산객들의 자지러지는 비명을
즐기는 음흉한 애들이 많다

제주도에도 많지만
울릉도엔 뱀이 없어
그놈들의 천국이다
약초와 향나무가 많아서일까
겨울잠 잘 수 없어서일까

도둑과 공해가 없는 무릉도원은
물 돌 미인 바람 향나무 흑비둘기와
해국 백리향 섬시호 섬현삼 섬개야광나무가
하얀 눈 즐기며 사는 귀족들 세상인데

뱀 없고 쥐 많은 건
다윈도 갸웃할 일이다

봉래폭포

나리 밑 숨었다가 하루에 오천 톤 씩
삼단 폭 비류직하 나그네 맘 감싸 안듯
삼십도 무더위 식힌 울릉비경 감탄 수

마가목 산삼 더덕 두메부추 부지깽이
비와 눈 품에 안고 몸 바쳐서 발효되면
동식물 사람과 함께 살려주는 생명 애

이 소리 무슨 소리 하늘서 온 천사 소리
물바람 새와 나무 한데 모여 내는 소리
정수리 가슴을 이어 응어리 푼 사랑가

초보자 마음으로 울려주는 심금 소리
섬세한 힘의 조화 잡념 거둔 치료 소리
울릉도 독도와 함께 어김없이 부른다

바위 아파트

바위에
만든 주택

바닷바람
품에 품고

집 없는
갈매기들

마음 편히
쉬는 쉼터

맘과 맘
통하지 않자

쓸모없어
버린 집

흑비둘기

웃우우 웃우우
울릉도 사동沙洞에 가면
귀 기울여 보세요
우거지상 펴고 웃으라는 말
후박나무 사이로 들릴 거여요

구루구루우 구루구루우
나뭇잎 사이를 살펴보세요
몸통은 까맣고 부리는 암청색에
다리가 발그레한 새가
그렇다고 끄덕일 거여요

모오우 모우우
까마귀라고 여기지 마세요
까만 백조가 있듯
검정 비둘기도 있답니다
편견과 선입견에서 벗어나 보세요

일제의 남벌로
우리의 살림 터전인 나무가 줄어

알을 하나만 낳아야 하는 까닭이,

모오우 웃우우 구루구루우

울어야 하는 역사가 들릴 테니까요

*흑비둘기 ; 검은색 비둘기로 울릉도와 독도 등
섬에 사는 천연기념물 215호. 사동에 있는
흑비둘기서식지도 함께 천연기념물 237호로 지정됐다.

석향

바위 그 좁은 틈에 뿌리 내려 사는 뜻은
모진 파도 거센 물결 온몸으로 이겨내고
울릉도가 겪은 풍파 잊지 말고 알려줘서
두 번 다시 그런 고통 겪지 않게 하기 위함

빗물과 바위 진을 젖 먹던 힘 다 기울여
한 방울 한 방울에 머리카락만큼 키우면서
이천 년 사천 년을 벼랑에서 버텼더니
브랜다란 태풍 만나 정든 반려 잃었으되

만남은 이별이라 슬픈 것은 아니지만
손가락 건 굳은 약속 못 지켜서 안타깝고
심지 좋은 임자 만나 비룡으로 거듭나니
삶이 곧 죽음이고 끝이 곧 시작이네

골짜기 빽빽하게 진한 향기 품었다가
강치와 흑비둘기 생일 선물 주렸더니
앞 못 보는 일본놈들 무자비한 톱날 도끼
킬링필드 만든 탓에 상처만이 깊어가고

상할 수 없거니와 썩는 것도 할 수 없어

숲속에 땅바닥에 숨죽이고 누웠다가

환한 빛 다시 찾은 날 남은 힘 모두 쏟아

통구미와 대풍감에 부활의 터 마련했네

*석향 ; 울릉도 향나무는 단단한 목질과 짙은 향기를 갖고 있어
울향鬱香이라 불린다. 울향 가운데 바위 벼랑에서
자라는 것이 석향. 도동 절벽에 2500년 된 석향이 있는데
1985년 10월5일, 태풍 브랜다에 한쪽 가지가 부러져,
공개입찰에서 서귀용씨가 매입해 용으로 조각돼 보존되고
있다. 통구미(48호)와 대풍감(49)에 있는 향나무
군락지는 천연기념물.

호박엿

울릉도 서쪽 태하령 아래 서달 마을에
마음씨 고운 처녀가 살았답니다

그 처녀는 육지로 시집가며
홀어머니가 굶지 말고 배부르게 살라는 마음으로
집 주위에 호박을 많이 심었답니다

호박도 그 마음 알았는지
해마다 쑥쑥 자랐고
팔년이란 세월이 훌쩍 지난 어느 날

그리고 그리던 딸이 온다는 소식을 듣고
엄마는 호박을 잔뜩 솥에 넣고 삶았답니다
딸이 오면 함께 맛있게 먹으려고 했는데

파도가 심술을 부려
딸은 사흘이나 늦게 왔고
정성껏 끓인 호박죽은
이미 딱딱하게 굳었답니다

엄마는 안쓰러워
손 비비며 눈물 글썽이는데
딸은 맛있다, 맛있다며 먹었고
그 뜨거운 모녀의 지성에 감동한
성인봉 산신이 호박엿으로 만들었답니다

씨껍데기술*

신 새벽
밝혀 달려

온종일
쌓인 피로

자연이
빚은 절경

안복眼福으로
덜어내고

산채 전
씨껍데기술

일심一心 독도
화합 주

*마가목 씨와 땅두릅(독활)씨로 만든 술. 울릉도 특산품.

따개비 칼국수

초여름 보릿고개
접어들 때 들린 소리

탁 탁 탁 뽀글뽀글
칼국수 밀수제비

해 저문 초저녁마다
피곤 엄마 살림 공

다다미 방망이질
울릉도에 이어졌나

따개비 넣어 끓인
수제비가 별미라네

아련한 어머니 손맛
독도에서 맛보네

용오름

어허 저기
용이 승천한다

어제밤 기우奇雨로 놀란 가슴
쓸어내릴 틈도 없이
파란 시월이 울릉도 앞바다에서
하늘로 난 물길 따라 쉼 없이 올라
두 눈을 빼앗는다

저기, 저기
하늘로 올라가는 용은
가을에 오겠다고 손가락 걸었던
바로 그 님

저기 저기
승천하는 물기둥은
바람결 바뀌면 이루겠다고 다짐했던
바로 그 님

어허 저기 용이 승천하고
어허 저기 그님이 날아오르고
어허 저기 바다와 하늘이 하나가 된다

시를 쓰다 밤샘한 날에
―종시

시를 쓰다,
독도 시를 쓰다가
매듭이 꼬여
시 말이 엉켜
밤샘하다 깜빡 졸았는데

네가 뚜벅뚜벅 걸어오더군
꿈인지 생시인지 몰라 가만히 있으니
내 작은 어깨 톡톡 두드리더군
웬일이냐는 듯 물끄러미 바라보자
냅다 소리치더군

그래, 독도는 잘 있느냐?
독도, 독도요? 잘 있겠지요…
얼떨결에 나온 대답이 흔들렸지
직접 밟아본 지 5년이 무심히 지난 뒤였으니
돌직구가 날아들더군

네 이놈!
네가 나를 사칭해 사랑한다는 말만

번지르하게 독도팔이 하고 다니더구나
몸이 가야 말에 믿음이 실리는 것인데
사랑하거라, 온몸으로 실천하는 참사랑을

독도시를 쓰다 밤샘한 날
네가 와서 알려주더군
기쁨보다 아픔을 함께 나누라고
몸과 마음 하나 되는 사랑을 하라고
독도의 가르침을 옳게 깨달으라고

독도론

독도가 대한민국영토인 4가지 이유
—이영훈 비판/홍찬선

1. '독도포기역적죄'를 고발한다[1]

내 땅을 스스로 포기하는 것은 주인이 아니다. 나보다 못 사는 사람들을 위해서나, 사회와 국가의 공익을 위해서 스스로 내놓는 자선이나 공헌이 아니라, 내 땅에 대한 아무런 권리도 없는 남이, 내 땅을 자기 땅이라고 우기는데 그걸 지키지 않고 스스로 포기하는 것은 주인 될 자격이 없다.

나라 땅인 영토를 포기해야 한다고 주장하는 사람은 나라의 주인이 아니다. 주인이 아닐뿐더러 그런 정신 나간 놈들은 영토를 남에게 떼어주려고 하는 민족반역자이자 국가의 역적이라고 할 수 있다. "독도는 한국인을 지배하는 반일 종족주의의 가장 치열한 상징"이라며 "독도가 한국 영토라고 증명하는 자료가 없다"는 망발을 하고 있는 이영훈 등이 그런 '독도포기역적죄'를 저지르고 있다.

독도는 대한민국 영토다. 독도가 한국 땅이라는 사실은 자연지리적으로도, 역사적으로도, 국제법적으로도, 실효 지배하는 현실로도 명백하다. 이를 뒷받침하는 자료는 수없이 많다.

그럼에도 일본은 독도가 대한민국 영토라는 사실에 대해 의심하고 억지 부리고 있다. 물론 일본에서도 양심 있는 국민과 지식인들은 독도가 한국 땅이라는 사실을 인정한다. 아베

---

[1] 이 글은 홍찬선, 「한국 영토로서의 독도의 역사적, 국제법적 지위」, 황태연 외 『일제종족주의』(서울: 넥센미디어, 2019), 377~430쪽을 수정, 보완한 것이다.

전 총리를 비롯한 극우보수집단들만이 오로지 독도가 한국영 토가 아니며 일본 땅이라고 우기고 있을 뿐이다. 태평양전쟁 패배로 죽었던, 일본제국주의 망상을 되살리려고 하는 어처구 니없는 일이다.

독도가 '반일 종족주의의 최고 상징'이라고?

그런데 일본의 극우보수집단보다 더 어처구니없는 사람이 한국에 나타났다. 많은 한국 국민들이 공감하지 못하는『반일 종족주의』란 책의 대표 저자인 이영훈 씨가 그 사람이다. 그는 "독도가 오늘날 한국인을 지배하는 반일 종족주의의 가장 치열한 상징"[2]이라고 폄하한다. '삼국시대부터 대한제국 때까지 한국은 독도에 대한 관심이 거의 없었다'며 역사 왜곡을 손바닥 뒤집듯 한다. 급기야 "(독도에서의) 도발적인 시설이나 관광도 철수해야 한다. 그리고선 길게 침묵해야 한다"[3]고 주장한다.

저자를 가리고 이 글을 읽는다면 글 쓴 사람이 한국인인 지, 일본인인지 헷갈릴 정도다. 이영훈도 그런 것을 느꼈음인 지 무슨 양심선언이나 하듯 다음과 같이 변명하고 있다. "저는 한 사람의 지식인입니다. 지식인이 대중의 눈치를 보며 할 말을 않거나 글의 논조를 바꾼다면, 그 사람은 지식인이라 할 수 없 습니다. 참된 지식인은 세계인입니다. 세계인으로서 자유인입 니다. 세계인의 관점에서 자신이 속한 국가의 이해관계조차 공 평하게 바라보아야 합니다."[4]라고 말이다. 언뜻 들으면 그럴 듯하게 들린다. 하지만 그 말의 진의를 파고들고 보면, '지식인 의 책무'라는 미명 아래 일본의 주장을 교묘하게 되풀이하고 있

---

2) 이영훈, 「독도, 반일 종족주의의 최고 상징」, 이영훈 외, 『반일 종족주 의』 (서울: 미래사, 2019), 151쪽.
3) 이영훈, 『반일 종족주의』, 173쪽.
4) 이영훈, 『반일 종족주의』, 152쪽.

음을 알 수 있다. 이 글은 그의 이런 가면을 벗기기 위해, 역사와 배달겨레에 고발하는 심정으로 쓰고 있다.

이영훈은 그의 말대로 지식인일까. 참된 지식인으로 세계인이며, 세계인으로 자유인일까. 절대 그렇지 않다. 노엄 촘스키는 『지식인의 책무』라는 책에서 "인간사에 중대한 의미를 갖는 문제에 대한 진실을, 그 문제에 대한 뭔가를 해낼 수 있는 대중에게 알리려고 노력하는 것이 지식인의 책무다"[5]라고 강조했다. 지식인이 할 일은 '학자적 양심'과 중립적 관점에서 진리를 찾아내, 잘못된 것과 부조리한 권력에 맞서 진리를 지키기 위해 싸우는 것이라는 설명이다.

'학자적 양심' 저버린 이영훈의 역사왜곡

이런 기준으로 볼 때 이영훈은 자신이 거론한 지식인으로서의 책무를 다 한 것일까. 한발 더 나아가 세계인으로서 자유인을 거론할 자격이 있을까. 필자의 판단으로는 전혀 그렇지 않다. 이유는 크게 세 가지다.

첫째, 자료를 매우 편파적으로 악용하고 있다는 사실이다. 이영훈은 한국이 독도영유권을 주장하며 제시하는 자료에 대해서만 문제점을 파헤친다. 그것도 심술궂은 시어머니가 착한 며느리를 골탕 먹이기 위해, 일부러 트집 잡듯이 시시콜콜 따진다. 반면 독도가 한국 영토라고 밝힌 수많은 일본 자료에 대해선 한마디도 언급하지 않는다. 중립적 관점에서 진리를 밝혀내야 한다는 학자적 양심을 버젓이 독도 앞바다에 내다 버린 것이다.

둘째, '세계인의 관점에서 자신이 속한 국가의 이해관계조차 공평하게 바라보아야 한다'는 그의 발언에 진실성이 없다

---

[5] 〈나무위키(https://namu.wiki/w/%EC%A7%80%EC%8B%9D%EC%9D%B8)〉 2019. 9. 19. 검색.

는 점이다. 한국 영토가 확실한 독도를, 자기 땅이라고 우기는 일본이 있는 현실에서, '독도가 한국 영토라는 주장에는 근거가 없다'는 주장은 결과적으로 '공평하게' 바라볼 수 없기 때문이다. 게다가 이영훈의 주장이 역사적 사실을 왜곡하고, 일본 주장을 교묘하게 대변하고 있다는 점에서 더욱 그렇다.[6] 어느 정도 철만 들어도 알 수 있는 이치를 평생 학문 연구를 해온 학자가 알지 못한다면 그것은 알려고 하지 않기 때문이라고, 합리적으로 의심할 수밖에 없을 것이다.

셋째, 이영훈의 글은 한국의 독자와 국민을 무시하고 우롱하고 있다는 점이다. 그는 일본이 독도를 1906년에 시마네현에 슬그머니 포함시킨 것이 국제법적으로 무효하다는 사실에

---

6) 이영훈은 일본 도요타豊田재단의 연구비 지원을 받아 1987년부터 한국 근대경제사를 연구하는 한국과 일본 연구자 13명이 출판한 2권의 책<안병직 외, 『近代朝鮮의 經濟構造』(서울: 비봉출판사, 1989)과 이영훈 외, 『近代朝鮮 水利組合研究』(서울: 일조각, 1992)>에 주요 저자로 참여했다. 안병직은 『近代朝鮮의 經濟構造』 <서문>에서 "이 공동연구는 일본의 도요타재단으로부터 1988년에 「韓國의 經濟發展에 관한 歷史的 硏究」라는 테마로 연구보조금을 받았다는 것을 밝히고, 동 재단에 대하여 사의謝意를 표하는 바이다"라고 밝히고 있다. 宮嶋博史도 『近代朝鮮 水利組合硏究』 <서문>에서 "도요타 재단으로부터 연구비의 지원이 없었더라면, 이번의 공동연구는 출발부터 불가능하였다. 특히 동재단의 山岡義典 씨는 공동연구의 구상에서 출판의 단계에 이르기까지 관대하면서 헌신적인 도움을 주셨다."고 썼다. 이 두 저서가 『반일 종족주의』와 직접적 관련성이 있다고 말할 수는 없지만, 학문적 맥락은 있을 것이라고 추정할 수는 있다고 생각된다. 필자가 대학교에 다니면서 경제학을 공부할 때 경험했던 안병직 교수의 강의와 이영훈 박사과정 학생의 언행은 『반일종족주의』에서 주장하는 것과 상당한 거리가 있었기 때문이다. 사람이 나이를 먹으면서 경험과 지식이 쌓이면 전에 갖고 있던 가치관과 학문체계를 바꾸는 것은 당연한 일일 것이다. 그럼에도 불구하고 필자가 기억하는 이영훈 박사과정 학생과 『반일종족주의』 주요 저자로서의 이영훈의 거리는, 이해할 수 있는 범위를 넘어선다고 말할 수 있다. 이영훈 본인도 이런 관점 변화에 대해 스스로 양심선언을 해야 하지 않겠는가.

대해선 일언반구도 언급하지 않고 있다. 반면, 심흥택 울릉군수가 1906년에 "본군 소속의 독도가 일본으로 편입되었다"고 보고했을 때 중앙정부가 별다른 반응을 보이지 않았다고 쓰고 있다. "대한제국이 독도에 대한 인식이 없는 가운데 일본의 행위를 그리 중요하게 여기지 않았기 때문"[7])이라는 것이다.

하지만 이는 명백하고도 뻔뻔스러운 역사 왜곡이다. 당시 의정부 참정대신 박제순은 울릉군수 보고에 대해 "독도가 (일본의) 영지라는 설은 전혀 사실무근에 속하니 해당 도서의 형편과 일인들의 행동 여하를 다시 조사해 보고할 것"[8])이라고 지시했다. 내부대신 이지용도 "유람하는 길에 땅의 경계나 인구를 적어가는 것은 혹 괴이쩍지 않다고 용인할 수도 있겠지만 독도를 가리켜 일본 속지라고 했다니 전혀 그럴 리가 없는데 이번에 받은 보고는 심히 의아하다"[9])고 했다.

황현도 "울릉도 앞바다에서 동쪽으로 200리 거리에 섬이 하나 있다. 이 섬을 독도獨島라고 한다. 이 섬은 옛날에 울릉도에 속해 있었으나 일본인들은 그들의 영토라고 하면서 조사를 해 갔다"[10])고 비판하고 있다. 관련 자료가 많고 찾아보면 금세 알 수 있는데도, 이영훈은 한국 독자와 국민들이 그런 노력을 기울이지 않을 것이라고 무시했다고 볼 수 있다. 참으로 학자적 양심을 찾아볼 수 없는, 부끄러운 행동이라고 할 수 있다.

앞으로 자세히 살펴보면 명확해지는 것처럼 독도가 지리적, 역사적, 국제법적, 실효지배로 대한민국 영토인데도, 독도가 한국 영토라는 확실한 증거가 없다고, 일본의 극우보수집단이

---

7) 이영훈, 『반일 종족주의』, 169쪽.
8) 황태연, 『백성의 나라 대한제국』(파주: 청계, 2017), 765쪽.
9) 「大韓每日申報」1906년 5월1일자. 강준식, 『독도의 진실』(서울: 소담출판사, 2012), 28쪽에서 재인용.
10) 황현, 임형택 외 교주, 『梅泉野錄』(서울: 문학과지성사, 2005), 〈일인의 독도탐사〉.

주장하고 있는 시각에서 궤변을 늘어놓는 이영훈의 주장은 일언반구도 대꾸할 가치가 없다. 하지만 한국 땅인 독도를 슬그머니 일본 땅인 것처럼 주장하는 '독도포기역적죄'를 저지르고 있는 이영훈의 왜곡과 망발을 바로잡지 않으면, 훗날 그의 글이 사실인 것처럼 알려질 우려가 있다. 이를 바로잡고자 진정한 지식인의 시각으로 독도가 대한민국 영토임을 차근차근 따져보기로 한다.

2. 독도가 대한민국 영토인 이유1 ; 자연, 지리적 조건

독도는 외로운 섬일까. 전혀 그렇지 않다. 독도는 동도(우산봉)와 서도(대한봉)가 우뚝 솟아있고 그 주변을 89개의 바위섬이 둘러싸고 있다. 독도경비대가 주둔하고 있는 동도는 해발 98.6m에 면적이 2만2620평이다. 독도 주민이 살고있는 서도는 해발 168.5m, 면적은 2만7390평에 이른다. 독도 전체 면적은 5만7890평이다.

이렇게 작지도 외롭지도 않은 독도는 울릉도에서 87km 떨어져 있다. 맑은 날에는 사람 눈(육안肉眼)으로도 볼 수 있는 가까운 거리다. 『세종실록지리지』에서는 이를 다음과 같이 기록하고 있다. "우산과 무릉武陵 두 섬은 현의 동쪽 바다 가운데 있다. 두 섬은 서로 떨어짐이 멀지 않다. 날씨가 좋으면 바라볼 수 있다. 신라 때는 우산국이라 칭했는데, 울릉도라고도 했다."[11]

---

11) 『세종실록지리지』(세종 14년, 1432년). 울릉도에서 나고 자란 서법가書法家 박덕준 선생은 "어릴 적에 어른들은 독도를 늘 독섬이라고 했다. 이웃 동네 석포에 올라서면 맑은 날 가물가물 눈으로 보이는 섬, 독도는 울릉도에 딸린 섬"이라고 말한다(홍찬선 외, 『독도 플래시몹』 (서울: 넥센미디어, 2016), 296쪽.)

항해술이 발달하지 않았던 과거에는 육안(망원경 같은 보조기구 없이 자연 그대로의 맨 눈)으로 보이느냐 안 보이느냐가 영토로 편입하느냐 하지 않느냐의 중요한 기준이 됐다. 일본에서 독도와 가장 가까운 오키隱岐섬에서 독도까지 거리는 157.5km로 거의 2배나 된다. 육안으로 보이지 않으니, 일본 역사서에서 독도에 관란 기록을 찾아볼 수 없는 것은 당연하다. 보이지 않는 섬을 어떻게 기록한단 말인가.

그런데도 이영훈은 이런 지리적 요소엔 그다지 관심이 없는 듯하다. "독도는 땅도 없고 물도 없기 때문에 사람이 살 수 있는 환경이 아니다. 국제법에서는 그런 곳을 섬이라 하지 않고 바다에 솟은 큰 바위일 뿐이다. 6세기의 우산국이 울릉도에서 동남으로 87km나 떨어진 바위섬을 그의 강역으로 했는지 알 수 없는 일이다. 어쨌든 그 바위섬이 나라 이름을 계승할 리 없다"[12] 고 자료의 '자의적 해석'에 매달리고 있다. 87km 떨어진 울릉도에서 강역으로 삼기 어려웠다면, 157km나 되는 오키섬에서 강역으로 삼는 건 더욱 더 불가능했을 것이라는, 즉각적인 반론이 나올 것이라는 사실에 대해선 애써 무시하고 있는 셈이다.

독도는 울릉도에서 육안으로 볼 수 있다

울릉도에서 독도를 육안으로 볼 수 있다는 한국 기록은 또 있다. 1694년 9월19일부터 10월3일까지 울릉도를 조사한 삼척 영장 장한상은 〈울릉도사적鬱陵島事蹟〉에서 "비 개이고 구름 걷힌 날 산에 들어가 중봉(성인봉, 인용자)에 올라 보니… 서쪽으로는 구불구불한 대관령 모습이 보이고, 동쪽으로 바다를 바라보니 동남쪽에 섬 하나가 희미하게 있는데 크기는 울릉도의 삼분의 일이 안 되고 거리는 300여리에 지나지 않았습니다. 그리고 남쪽과 북쪽에는 망망대해가 펼쳐져 물빛과 하늘빛이

---

12) 이영훈, 『반일 종족주의』 155쪽.

같았습니다."[13]고 서술하고 있다.

장한상이 말한 '동남쪽에 섬 하나가 희미하게 보이는 것'은 독도를 가리킨다. 이는 그가 "섬의 산봉우리에 올라 저 나라 강역을 자세히 살펴보니 아득할 뿐 눈에 들어오는 섬이 없어 그 거리가 얼마나 되는지 모르겠는데, 울릉도의 지리적 형세는 아마도 저 나라와 우리나라 사이에 있는 듯합니다."라고 부연하고 있기 때문이다. 또 그는 "동쪽으로 5리쯤 되는 곳에 작은 섬이 하나 있다"[14]고 하여 '죽도'를 따로 설명하고 있다. 죽도는 대나무가 자라는 섬이라고 해서 붙은 이름으로 울릉도에서 아주 가까운 곳에 있는 섬이다. 장한상이 우산도나 독도라는 말을 직접 쓰지는 않았지만 '동남쪽의 희미한 섬'이 독도를 가리킨다는 것은 문맥상 명확하다.

반면 박세당은 우산도를 독도를 지칭해 표현하고 있다. 그는 「울릉도」라는 글에서 "(울릉도와 우산도, 인용자) 두 섬이 여기(영해 부근, 인용자)에서 그다지 멀지 않아 한 번 큰 바람이 불면 이를 수 있는 정도이다. 우산于山도는 지세가 낮아 날씨가 매우 맑지 않거나 정상에 오르지 않으면 보이지 않는다. 울릉이 (우산도보다, 인용자) 조금 더 높아 풍랑이 잦아지면 (육지에서, 인용자) 사슴과 노루들이 이따금 바다 건너오는 것을 예사로 볼 수 있다."[15]

안용복과 비슷한 시기인 숙종 대에 활동했던 장한상과 박세당의 우산도에 대한 언급은 울릉도 옆에 있는 죽도나 관음도가 아니라는 것을 알 수 있다. 울릉도에 가보면 금세 알 수

---

13) 장한상, 「鬱陵島事蹟」, 유미림, 『우리 사료 속의 독도와 울릉도』 (서울: 지식산업사, 2013), 59쪽에서 재인용. 장한상의 〈울릉도사적〉은 1977년11월, 국사편찬위원회가 주관한 울릉도, 독도학술조사사업의 일환으로 장한상 후손가에서 발굴됐다. 이 사료 발굴로 한국은 숙종 연간에 이미 독도에 관해 인지하고 있었음이 확인됐다.
14) 장한상, 「鬱陵島事蹟」, 유미림, 『우리 사료 속의 독도와 울릉도』, 60쪽.

있는 것처럼, 죽도와 관음도는 맑은 날뿐만 아니라 흐린 날에 높은 곳에 오르지 않더라도 뚜렷하게 볼 수 있을 정도로 가깝기 때문이다. 따라서 일본과 이영훈이 우산도가 독도가 아니라 죽도나 관음도라고 주장하는 것은 울릉도에 가보지 않고 자료만 보고 오독하는 실수를 하고 있거나, 아니면 가본 뒤에도 사실과 다르게 억지를 부리고 있다고밖에 생각할 수 없다.

이영훈은 "두 섬은 서로 떨어짐이 멀지 않다. 날씨가 좋으면 바라볼 수 있다"라고 한 세종실록지리지의 기록에 대해 "바로 그 환상의 기술이다. 두 섬의 거리가 멀지 않으면 서로 바라보임이 당연한데 굳이 "날씨가 좋으면"이라는 단서를 붙인 것 자체가 상상의 산물이라고 할 수 있다"[16]고 억지를 부린다. 관음도와 죽도는 날씨가 좋든 나쁘든 보이지만, 독도는 울릉도와 떨어짐이 멀지 않지만, 상당한 거리가 있어 날씨가 좋아야만 볼 수 있다는 자연조건에 대해선 전혀 이해할 수도 없고, 이해하려고도 하지 않았음을 반증하고 있다.

3. 독도가 대한민국 영토인 이유2 ; 역사적 지배

우산국이라는 지명이 자료에 등장한 것은 삼국시대부터였다. 김부식이 지은 『삼국사기』에 다음과 같은 문장이 나온다. "우산국이 신라에 귀의했다. 매년 토산물을 공납했다. 우산국은 명주溟州의 동쪽 바다에 있는 섬이다. 혹은 울릉도라고도 한다. 땅의 크기는 백리다. 험준한 것을 믿고 신라에 불복했다.

---

15) 박세당, 「울릉도」, "盖二島去此不甚遠 一飄風可至 于山島勢卑 不因海氣極晴朗 不登最高頂則不可見 鬱陵稍峻風浪息則尋常可見麋鹿熊獐往往越海出來", 유미림, 『우리 사료 속의 독도와 울릉도』 60쪽에서 재인용. 박세당의 「울릉도」는 박세당의 11대손인 박찬호 씨가 2001년, 장서각에 '서계 종택 고문서를 기탁하면서 알려졌다.
16) 이영훈, 『반일 종족주의』 157쪽.

이찬 이사부 장군이 정벌했다."[17]

　한국은 삼국사기의 이 기록을 바탕으로 우산도가 독도라고 여기고 있다. 이는 위에서 살펴본 대로 세종실록지리지와 장한상 및 박세당의 기록에서도 설득력 있게 설명되고 있다. 하지만 이영훈은 삼국사기 기록에 대해 "우산이란 울릉도에서 성립한 나라 이름일 뿐이고, 그 울릉도에 독도가 포함되었는지를 알 수 없다. 그럴 수도 있고 안 그럴 수도 있다. 그럼에도 한국인은 우산을 무조건 독도라고 단정하고 있다. '일종의 폐습'이라고 할 수 있다"며 "어느 일본인 학자가 그렇게 지적했는데, 따지고 보면 틀린 말이 아니다"[18]라고 주장한다.

　이영훈은 스스로 인정하듯이 "우산이 독도일 수도 있고 안 그럴 수도 있는데" 일본인 학자만을 인용해 그것은 '일종의 폐습'이라고 폄하하고 있다. 장한상의 「울릉도사적」이 1977년에 발굴되고, 박세당의 「울릉도」도 2001년에 발굴돼 우산도가 독도를 가리킨다는 것이 새롭게 밝혀졌는데도, 어찌 된 일인지 이영훈의 눈에는 그런 사실이 들어오지 않았다.

　이영훈은 일본의 에도江戸막부로부터 독도의 조선영유권을 인정받은 안용복의 민간외교활동도 폄하하고 있다. 주지하다시피 안용복安龍福은 1696년(숙종 22년) 유일부 유봉석 등과 일본으로 넘어가 대마도주로부터 "(울릉도와 독도, 인용자) 두

---

17) "十三年夏六月于山國歸服 歲以土宜爲貢 于山國在溟州正東海島或名鬱陵島方一百里 恃險不服 伊湌異斯夫爲何瑟羅州君主… 恐懼則降", 金富軾, 이강래 교감, 〈신라본기 智證마립간〉, 『원본 三國史記』(서울: 한길사, 1998), 63~64쪽.
18) 이영훈, 『반일 종족주의』, 153쪽. 이영훈은 여기서 일본인 학자가 누구인지 명확히 밝히지 않고 있다. 다만 이영훈의 글 끝부분에서 제시하고 있는 〈참고문헌〉에 '池內敏(2012), 『竹島問題란 무엇인가』, 名古屋出版會'를 제시하고 있어 일본인 학자가 池內敏이라고 추정할 수 있다. 학자라면 자신이 주장하고 있는 근거가 무엇인지를 정확히 제시하는 것이 기본소양(의무)인데 이렇게 두루뭉술하게 서술하는 것 자체가 '학자적 비양심'의 한 예라고 할 수 있다.

섬은 이미 그대들의 나라에 속했으니 뒤에 혹 다시 침범해 넘어가는 자(일본인, 인용자)가 있거나 도주가 혹 함부로 침범하거든, 모두 국서를 만들어 역관을 정해 들여보내면 엄중히 처벌할 것"이라는 공약을 받고 귀국했다. 하지만 조선 정부는 '월경죄'(국경을 허가 없이 넘는 죄)를 적용해 안용복을 유배형에 처했다.[19]

성호 이익은 『성호사설』에서 안용복을 영웅이라 평가하고, 장수급으로 등용해 그 뜻을 펼쳐보게 하지 않았음을 한탄하고 있다. "내 생각에 안용복은 곧 영웅에 짝한다. 미천한 일개 군졸로 만 번의 죽음을 무릅쓰고 국가를 위해 강적과 겨루어 간악한 싹을 잘라버리고 누대의 싸움을 그치게 했으며, 한 고을의 땅을 회복했으니 부개자^{傅介子}(한 소제 때 누란왕의 목을 벤 외교 사절)와 진탕^{陳湯}(한 원제 때 질지선우를 잡은 장군)이 한 일과 비교해도 더 어려운 그 일은, 뛰어난 자가 아니면 해낼 수 없는 일이었다. 그런데 조정에서는 상을 줄 생각은 않고 사형 선고를 내리더니 뒤에 귀양을 보냄으로써, 꺾고 빠뜨리는데 여념이 없었으니 슬픈 일이로다." "만약 위난을 당할 때 안용복과 같은 자를 대오에서 발탁하여 장수급으로 등용하고 그 뜻을 펼쳐보게 했다면 그 이룬 바가 어찌 이에서 그쳤겠는가."[20]

안용복의 대일 독도외교전 승리

이익이 한탄한 대로 조선 정부가 안용복을 죄 준 것이 가슴 아픈데 이영훈은 아예 안용복의 공을 인정하지 않아 생채기에

---

19) 『肅宗實錄』 숙종22년(1694년) 10월13일. 황태연, 『백성의 나라 대한제국』 (파주: 청계, 2017), 726~728쪽에서 재인용. 안용복이 귀국한 뒤 조선 조정은 안용복을 범경犯境(국경을 넘음)죄로 사형에 처하려는 논의를 했으나, 국가에서 못 하는 일을 능히 해냈음으로 공로와 죄과가 서로 덮을 만 하다는 의견을 받아들여 유배형에 처했다. 그 후 안용복의 행적은 기록에 나타나지 않는다.
20) 이익, 『성호사설』 〈울릉도〉, 강준식, 『독도의 진실』, 110~111쪽에서 재인용.

소금까지 뿌리고 있다. 그는 "일본은 안용복을 상대하지 않고 조선으로 추방했다. (중략). 안용복은 스스로 우산도를 목도했다고 믿은 한국사 최초의 유일한 사람이었다. 일본 어민이 그 섬을 마쓰시마松島라고 부르며 자기네 영토라고 간주하는 것을 보고 '그건 조선의 우산도'라고 주장했다. 그런데 조선 정부는 안용복의 그런 주장에 하등의 관심을 표하지 않았다"21)고 기술하고 있다.

하지만 이것은 명백한 역사왜곡이다. 안용복 사건이 일어나고 있을 때 에도막부 집정이었던 아베분고노카미阿部豊後守는 '죽도(울릉도)는 이나바, 호키주의 부속이 아니고 죽도와 송도(독도)외에 양주兩州의 부속 섬은 없다'22)는 돗토리번의 회신을 받고, 관백이었던 도쿠카와 츠나요시德川康吉의 재가를 얻어 다음과 같이 명한 기록이 있기 때문이다.

"죽도가 이나바에 속한다고 말하나 아직 우리 백성이 거주한 적이 없다. (중략). 지금 그곳의 거리를 헤아려 보건대 이나바로부터는 160리 남짓 떨어져 있고 조선으로부터는 40리 남짓 떨어져 있다. 이는 일찍이 조선의 지계地界임이 틀림없는 것이다. (중략). 처음부터 이 섬을 조선에서 빼앗은 것이 아니므로 지금 그것을 다시 돌려준다고 말할 수 없다. 단지 우리나라 백성이 가서 어채하는 것을 금지할 따름이다."23)

기록상으로도 독도(일본이 송도라고 부르는)가 조선령이라는 사실이 명확해진 것이다. 조선정부는 2년 간격으로 변장邊將을 울릉도에 보내 수검하고 토벌하는 정책을 1702년(숙종 28년)부터 정례화했다. 이 제도는 흉년 때는 3년마다로 조정되고, 영조 때는 3년마다로 느슨해졌지만 고종시대까지 꾸준

---

21) 이영훈, 『반일 종족주의』, 161쪽.
22) 송병기 편, 『독도영유권자료선』 (춘천: 한림대학교출판부, 2004), 218쪽
23) 『朝鮮通交大紀』 권8, 65쪽, 송병기 편, 『독도영유권자료선』

히 이어졌다.[24)]

일본이 1667년에 쓴 『은주시청합기隱州視聽合記』에서도 "독도는 조선영토"

『고사기古事記』(712년)는 일본에서 가장 오래된 역사서로 일본열도를 만든 신들의 이야기를 싣고 있다. 그런데 『고사기(古事記』에는 신들이 홋카이도와 오키나와, 그리고 독도를 만들었다는 사실이 없다. 일본의 고유영토가 아니기 때문이다. 또 교키라는 스님이 8세기에 일본 전역을 걸어 다니며 만든 뒤 17세기까지 일본의 공식지도 역할을 했던 <교키도行基圖>에도 독도 홋카이도 오키나와가 없다. 일본 영토가 아니었기 때문이다.[25)]

이뿐만이 아니다. 일본 외무성이 '독도가 일본 영토라고 주장하는 증거'로 1954년 2월10일, 주일한국대표부에 보낸 구술서(note verbale)에 『은주시청합기隱州視聽合記』라는 문헌이 있다. 이 문헌은 사이토라는 은주 군대郡代가 은주隱州(지금의 오키隱岐섬에 대한 지리 역사 인구 명승 고적 고사 의례 등을 종합해 마쓰에번에게 보고한 보고서다. 이 보고서 안에 당시 일본의 서북쪽 국경에 대한 언급이 나오는데, 울릉도와 독도는 일본 영토가 아님을 밝히고 있다.[26)] 관련된 내용은 다음과 같다.

은주는 (일본, 인용자) 북쪽 바다에 있는 섬이라 오키섬이라 한다. 여기서부터 (중략) 북동쪽으로는 갈 수 있는 땅이 없다. 북서쪽 사이로 이틀 낮 하룻밤을 가면 마쓰시마(독도)가 있고 또 하루 낮 길에 다케시마(울릉도)가 있다. 속칭 이소다

---

24) 황태연, 『백성의 나라 대한제국』, 729~730쪽.
25) 호사카 유지, 『독도, 1500년의 역사』, (파주: 교보문고, 2016), 151~154쪽.
26) 강준식, 『독도의 진실』, 118~126쪽.

케시마라고도 하는데 대나무 물고기 물개가 많다.27)

이 글 바로 뒤에 한일 양국이 달리 해석하는 문장이 나온다. 바로 문제의 "此二島無人之地차이도무인지 見高麗如自雲州望隱州견고려여자운주망은주 然則日本之乾地연즉일본지건지 以此州爲限矣이차주위한의"라고 한 이 문장이다. 이 문장을 한국에서는 "이 두 섬은 사람이 살지 않는 땅으로, 고려를 보는 것이 운주(현 시마네현 동부의 이즈모노구니)에서 은주를 바라보는 것과 같다. 따라서 일본의 북서쪽 땅은 이 주로서 끝을 삼는다"고 해석한다. 반면 일본은 "이 두 섬은 무인도로서 고려를 보듯이 운주로부터 은주를 보는 것과 같다. 그렇다면 곧 일본의 북서의 땅, 이 섬을 가지고 국경을 삼는다"고 풀이한다. 한국은 "일본 북서쪽의 끝(국경)은 은주"라고 보고, 일본은 "일본 북서쪽의 끝은 울릉도"라고 주장한다.28)

어느 쪽 해석이 맞을까. 한일 학자들의 의견이 엇갈리는 가운데 두 명의 일본인 학자의 설명으로 "일본 북서쪽 끝은 은주"가 맞다는 결론이 내려졌다. 오니시大西俊輝는 "주州는 원래 강 한가운데 생긴 모래톱을 가리키는 상형문자로부터 시작됐다. 농업이 시작되자 사람들은 관개가 쉬운 주에 모여 살았다. 사람이 모이면 나라가 생긴다. 그래서 상고시대 중국에서는 사람이 모인 땅, 즉 나라를 주로 표현했다. 반면 도島나 서嶼는 산과 새가 합쳐진 회의문자로 철새가 쉬는 바다나 호수 안의 작은 산을 말한다. 마쓰시마(독도)와 다케시마(울릉도)는 도島이지만 주州는 아니다. 사람이 살지 않기 때문이다."고 설명했다.

이케우치池內敏의 해석은 더 명쾌하다. "『은주시청합기』는 오키국의 지리책으로 마쓰에번에 제출된 보고서이다. 보고서에서 州가 쓰인 곳은 66군데인데 모두 나라(國)의 뜻으로 쓰였다.

---

27) 강준식, 『독도의 진실』, 120~121쪽.
28) 강준식, 『독도의 진실』, 121쪽.

그런데 한군데만 섬(島)의 뜻으로 '무리하게 바꿔 읽지 않으면 이해할 수 없다'고 한다면 보고서 자체를 다시 써야 했을 것이다. 누가 읽어도 한 번 읽어서 내용이 뚜렷하지 못하면 보고서로서의 가치가 없다." "차주^{此州}는 오키국이라고 밖에 읽을 수 없다. 그럼에도 불구하고 아직 문제 부분만큼은 섬으로 바꿔 읽지 않으면 안된다는 등으로 말하는 것은 학문적으로 전혀 성립되지 않는, 감정론에 지나지 않는다." "이상을 근거로『은주시청합기』의 결론은 '오키국이 일본의 북서쪽의 끝이다'라고 하지 않을 수 없다. 따라서 독도 울릉도는 당시 일본 판도에서 벗어난 것으로 인식되고 있었다고 할 수밖에 없다."[29]

1667년 경에는 울릉도와 독도가 조선령(대한민국 영토)이라는 게 일본 자료에 의해서도 명확하게 확인된 것이다. 이렇게 일본인에 의해서 명확하게 독도가 대한민국 영토라는 사실이 밝혀진 자료에 대해서 이영훈은 침묵한다. 그가 이 자료를 보지 못했다면 진실을 밝히려는 학자의 노력을 덜한 것이고, 보고도 못 본 체하고 다른 주장을 했다면 학자적 양심을 저버린 것이다.[30] 어느 쪽이든 이영훈의 주장은 역사적 사실을 왜곡하고 있음에 틀림없다.

독도=조선령 인정한 에도막부 태정관 지령

일본은 1870년대까지만 하더라도 울릉도와 독도에 대한 관심이 거의 없었다. 이는 당시 일본 정부의 입김이 강하게 작용한 상태에서 출판된 책에서 확인할 수 있다. 우선 도조 다모쓰가 1875년에 편찬한『조선지략^{朝鮮誌略}』에서는 울릉도에 대해

---

[29] 이케우치 사토시^{池内敏},『천황 외교와 武威』, 강준식,『독도의 진실』, 124~125쪽에서 재인용.
[30] 여기서 이케우치 사토시는 이영훈이 참고문헌으로 제시한 <『竹島問題란 무엇인가』(名古屋: 名古屋出版會, 2012)>를 쓴 바로 그 사람이다. 앞의 주18) 참조.

다음과 같이 기술하고 있다. "자산도子山島 또는 궁고弓高라는 이름이 있다. 우리나라(일본, 인용자)에서는 다케시마竹島라고 일컫는다. 강원도 안에 있다. 3년 마다 한 번 수영水營의 관리를 파견하여 이 섬을 검사한다. 수로는 1천 리라고 한다."[31] 울릉도가 조선령이라는 것을 명기하고 독도에 대한 언급이 없다.

서양인의 저술을 발췌, 번역한 『朝鮮事情조선사정』(1876)은 당시 팽배했던 정한론征韓論 분위기에 편승해서 조선 정벌에 도움을 줄 목적으로 출판됐다. 하지만 여기에서는 울릉도에 대한 기술이 없다. 1881년에 출판된 『朝鮮地誌조선지지』에도 울릉도 관련 내용이 보이지 않는다. 첨부 지도에도 울릉도와 독도는 그려져 있지 않다. 1887년의 『朝鮮八道誌조선팔도지』에도 울릉도 관련 내용이 없고 첨부된 〈조선전국약도〉에도 울릉도와 독도는 그려져 있지 않다.

더욱이 메이지유신 정부에서 국가최고기관이었던 태정관은 1877년3월, "다케시마 외 일도가 일본과는 관계 없다"[32]는 지령을 내렸다. 이는 당시 일부 일본인들이 다케시마(울릉도)와 마쓰시마(독도)에 대한 개간요청이 이어진 데 따른 답변이었다. 여기서 '다케시마 외 일도'는 마쓰시마, 즉 독도라는 사실을 일본 정부가 공식적으로 인정한 것이다. 하지만 일본인은 1881년에도 '마쓰시마 개간청원서'를 시마네현에 제출했다. 당시 내무성 관리이던 니시무라 스테조는 1881년 11월29일, 외무성에 관련 사항을 조회할 때 '외 일도는 마쓰시마이다'라는 것을 붉은 글씨로 명확히 표기했다. 외무성은 이에 대한 답변에서 12월1일, 조선국 울릉도 즉 다케시마. 마쓰시마에 대한 건은 이미 도항을 금지한 바 있음"이라고 밝혔다. 내무성은 이런 외무성 답변을 받은 뒤 시마네현에게 "서면상의 마쓰시마

---

31) 유미림, 『우리 사료 속의 독도와 울릉도』, 237~238쪽.
32) 유미림, 『우리 사료 속의 독도와 울릉도』, 240쪽.

는 이전의 지령(1877년의 태정관 자료, 인용자)대로 우리나라와는 관계없음을 명심해야 하며, 따라서 개간 청원은 허가할 대상이 아님"(1882. 1. 31)이라고 분명히 했다.[33)]

'태정관 지령'을 전혀 언급하지 않은 이영훈의 침소봉대

하지만 이영훈은 어찌된 영문인지 울릉도와 독도가 조선영토임을 확실히 인정한 '태정관 지령'에 대해선 일언반구도 언급하지 않는다. 일본이 1870~80년대까지만 해도 울릉도와 독도에 대해 그다지 관심을 기울이지 않았다는 사실에 대해서도 애써 무시하고 있다.

반면 한국에 불리한 자료는 구석에 박혀 있었던 것까지 끄집어내는 노력을 기울인다. 1911년 미국 로스앤젤레스 교민들이 출간한 이승만의 『독립정신』이란 책 앞부분에 실려 있는 〈죠선디도〉[34)]가 그것이다. 이 지도에는 독도가 표기되어 있지 않고, 울릉도 바로 남쪽에 '돌도'가 표시되어 있다.

이영훈은 이에 대해 "'돌도'가 곧 석도이다. 다만 울릉도 동북에 있어야 할 섬을 남에다 그린 것을 착오라고 하겠다. 어쨌든 대한제국 칙령 41호 중의 석도가 동남 87km 해상의 독도가 아님은 이 지도의 발견으로 더없이 명확해졌다고 생각한다. 저는 왜 지금까지 수많은 독도 연구자들이 이 지도에 주목하지 않았는지를 의아하게 생각한다"[35)]고 서술하고 있다. 매우 중요한 사실을 새롭게 발견한 듯 치기를 느낄 정도의 의기양양이라고 할 수 있다.

하지만 이영훈 스스로도 언급하고 있듯이 '울릉도 동북에

---

33) 유미림, 『우리 사료 속의 독도와 울릉도』, 240~241쪽.
34) 이승만, 『독립정신 영인본』 (서울: 연세대학교 대학출판문화원, 2019), 37쪽.
35) 이영훈, 『반일 종족주의』, 168쪽.

있어야 할 섬을 남에다 그린 것은 착오'일 정도로 일제의 대한제국 강제합병으로 미국으로 망명을 떠난 교민들이 만든 지도이기 때문에 잘못이 적지 않다는 것을 이해할 만한 상황이다. 게다가 이영훈은 위에서 설명한 것처럼, 일본 정부나 정부 영향을 받아 제작된 일본의 1880년대 지도에서 울릉도와 독도가 누락된 것에 대해선 함구하고 있다. '보고 싶은 것만 보고', '나에게 유리한 자료만 제시하는' 비양심을 보여주는 사례라고 지적하지 않을 수 없다.

게다가 『독립정신』의 저자 이승만은 대한민국정부 초대 대통령으로, 독도를 한국 영토에 포함시킨 〈평화선〉을 선포한 장본인이다. 이 대통령은 김일성 공산당이 일으킨 6.25전쟁을 치르느라 정신이 없는 상황에서도 독도의 영유권을 지키기 위해, 대통령 긴급명령으로 〈평화선〉을 선포하고, 〈포획심판령〉도 제정해 평화선을 침범하는 일본 선박을 나포하고 일본인들을 구금했다.[36] 이영훈은 이승만 전 대통령을 숭모하는 모임인 '이승만학당' 교장을 맡는 등 중요한 역할을 하고 있는데, 〈평화선〉에 대해선 함구하고 있다. 참으로 이해할 수 없는 해괴망측한 일이다. 그 누구보다 일제를 싫어했던 이승만 대통령이 이 사실을 안다면, 어떤 반응을 보일지 정말 궁금하다.

4. 독도가 대한민국 영토인 이유3 ; 국제법

대한제국 정부는 1900년 10월25일, 칙령 제41호를 발표해 울릉도와 독도를 제국의 군부^{郡府} 행정체제에 공식으로 편입시켰다. '울릉도를 울도로 개칭하고 도감을 군수로 개정한 건'이라는 제목을 단 칙령41호 제1조는 "울릉도를 울도라 개칭하야 강원도에 부속하고 도감을 군수로 개정하야 관제 중에 편입하

---

[36] 이 시집 제1부 2장 〈이승만의 평화선〉 참조.

고 군등은 오등으로 할 것"이라고 규정했다. 또 2조에서는 "군청 위치는 태하동台霞洞으로 정하고 구역은 울릉 전도와 죽도竹島, 석도石島를 관할할 것"[37]이라고 밝혔다. 여기서 석도가 바로 독도다.

'독도=한국 영토'임을 밝힌 '대한제국 칙령 41호'

대한제국은 울릉도와 독도의 행정편입을 『관보』로 반포함으로써 근대 국제법상의 영유권 절차를 완료했다.[38] 대한제국 정부는 나아가 1901년9월, 내부대신 이건하가 울릉도 관할문서를 마련하고, 1902년4월, 내부의 〈울릉도절목〉을 제정해 시행했다. 1903년 4월, 심흥택이 2대 군수로 부임해 태하동에서 도동에 신축된 군아로 이전해 일군의 위상을 갖추었다. 울릉도와 독도에 대한 법적 영토편입은 물론 실효적 지배를 관철한 것이다.[39]

독도가 대한민국 영토라는 사료에 시비 걸기를 좋아하는 이영훈은 '대한제국 칙령 41호'에 대해서도 억지성 문제를 제기하고 있다. "울릉전도와 죽도, 석도를 관할한다"고 한 칙령에서 "석도가 독도가 아니라 오늘날의 관음도이며, 한국 정부나 학자들이 석도가 독도라고 주장하는 것은 일종의 자가당착"[40]이라는 것이다. 그는 "칙령 41호에 의해 15세기 초 울릉도를 비우면서 생겨난 우산도가 이리저리 떠돌다가 결국 소멸

---

37)『官報』, 광무4년(1900) 10월27일, 황태연, 『백성의 나라 대한제국』, 748쪽 재인용.
38) 국제법상 영유권 확정은 관계국에 '통고'까지 해야만 완성되지만, 대한제국의 울릉도와 독도 행정편입은 일본공사에게 별도로 통고할 필요가 없었다. 1900년 6월, 외부대신 박제순과 일본공사 하야시 사이에 관련 외교문서가 이미 여러 번 교환되었기 때문이다. 황태연, 『백성의 나라 대한제국』, 748~749쪽.
39) 황태연, 『백성의 나라 대한제국』, 748~749쪽.
40) 이영훈, 『반일 종족주의』, 165쪽.

했다. 그 유서 깊은 섬을 대한제국이 더 이상 언급하지 않게 된 것은 그것이 환상의 섬임을 이윽고 깨달았기 때문"[41]이라고 소설 같은 얘기를 하고 있다. 석도가 독도라는 주장을 도저히 납득할 수 없다는 것이다.[42]

게다가 이영훈은 일본이 1906년에 슬그머니 독도를 자기 영토로 편입한 것에 대해서는 매우 긍정적으로 묘사하고 있다. "어떤 계기로 독도의 내력을 조사한 다음, 그것이 조선왕조에 소속한 적이 없음을 확인하고서 독도를 자국 영토에 편입했다. 울릉군수가 1906년에 그 사실을 우연히 안 뒤 '본군 소속 독도가 일본에 편입됐다'고 중앙정부에 보고했으나 중앙정부는 별다른 반응을 보이지 않았다"[43]는 것이다.

대한제국 '칙령 41호'도 부정하는 이영훈

하지만 이영훈은 여기서도 한국 독자와 국민들을 무시하는 것은 물론, 역사적 사실까지도 심각하게 왜곡하고 있다. 일본이 1906년에 독도를 일본영토에 편입시켰다는 것은 새빨간 거짓말이고, 국제법적으로도 아무런 효력이 없는 것이기 때문이다. 일본은 독도를 일본 영토에 편입했다는 것을 『관보』에 게재하지도 않았고, 관계국인 대한제국에 통고하지도 않았다. 단지 국제법적 효력이 없는 시마네현 지방정부가 임의적으로 슬

---

41) 이영훈, 『반일 종족주의』, 164쪽.
42) 이영훈은 일본이 독도를 가리키는 명칭이 마쓰시마松島와 다케시마竹島 사이에서 오락가락 하고 있는 것에 대해선 전혀 언급하지 않고 있다. 죽도竹島라는 이름은 그 섬에서 대나무가 자란다는 뜻을 갖고 있을텐데, 독도에는 대나무가 전혀 발견되지 않는다. 일본식 이름이 맞으려면 돌이 많은 섬인 다케시마岩島로 해야 타당할 것이다. 그럼에도 '세계인으로서 자유인이자 지식인'을 자처하는 이영훈이 일본의 이런 주장에 대해 침묵하고 있는 것은 그의 '지식인' 개념이 상당히 왜곡돼 있다고밖에 볼 수 없다.
43) 이영훈, 『반일 종족주의』, 169쪽.

그머니 독도를 자기네 땅이라고 우긴 것이다. 이렇게 명확하게 '법적 하자'가 있는 일본의 독도 영토편입을 마치 합법적으로 이루어진 것인 양, 마치 일본인처럼 뻔뻔스럽게 기술하고 있다.

일본 정부는 1905년 1월28일 독도를 주인이 없는 무주지 無主地로 둔갑시켜 선점한다는 내부결정을 내렸다. 하지만 이 결정은 태정관이 1877년 3월29일에 울릉도와 독도를 조선령으로 재확인한 결정을 감춘 사기극이었다. 특히 내각 결정이 1905년 1월28일에 내려졌음에도 시네마현은 1년여가 지난 1906년 2월22일에야 다케시마를 시마네 현의 행정구역으로 편입한다는 '시마네현고시 제40호'를 현청 내 회람문으로 고시했다. 1905년 11월, 을사늑약으로 한국의 외교권을 강탈하고 1906년 1월 통감부가 설치돼 한국정부가 무력화되는 것을 기다렸던 것으로 보인다. 하지만 이 고시도 국제법상으론 아무런 의미도 없는 것이다. 시마네현은 중앙관보에 게재하지도 않았고, 지방기관은 국제법상 영유권 결정 문제를 고시할 자격 있는 중앙정부 외교기관이 아니기 때문이다.[44]

이영훈은 한술 더 뜬다. "일본이 독도를 자국의 영토로 편입할 때 그것을 인지한 대한제국은 분쟁을 제기하지 않았다. 그로 인해 오늘날 한국 정부가 독도 문제를 국제사법재판소로 가져가자는 일본 정부의 주장을 받아들일 수 없는 처지임은 모두가 잘 아는 사실이다. 솔직히 말해 한국 정부가 독도가 역사적으로 그의 고유한 영토임을 증명하기 위해 국제사회에 제시할 증거는 하나도 존재하지 않은 실정"이라는 것이다. 그는 "독자 여러분은 불쾌하게 들을지 모르겠지만 국제사법재판소의 공평무사한 법관들은 그렇게 판단할 것이다. 저는 한 사람의 지식인으로서 그 점을 지적하지 않을 수 없다"[45]고 어처구

---

44) 황태연, 『백성의 나라 대한제국』, 758~762쪽.
45) 이영훈, 『반일 종족주의』, 169~170쪽.

니없는 발언까지 하고 있다.

주지하다시피 국제사법재판소(ICJ)는 국제연합(UN) 총회 및 안전보장이사회에서 선출된 15명의 재판관으로 구성돼 국제법을 적용해 심리한다. ICJ 판결은 구속력을 갖고, 안전보장회사에서 적당한 조치를 취하도록 규정돼 있지만, 강제적 관할권은 없다. 게다가 국제법의 상당수가 여전히 과거 강대국들의 기초 아래 형성되어 있는데다 국제사회에서도 힘의 논리가 남아 있기 때문이다. 당연히 한국 영토인 독도를 ICJ에 들고 가서 어느 나라 영토인지 판결해달라고 하는 것은 그야말로 어처구니없는 정신 나간 일이다.

사정이 이러한데도 ICJ를 거론하는 이영훈이 어느 나라 국민인지를 묻기 전에, 정말로 학자적 양심을 가진 지식인이라고 할 수 있을지 의심하지 않을 수 없는 대목이다. '독도는 한국 영토'이며 '독도가 일본 영토가 아님'을 증명하는 수많은 자료에 대해선 보려고 하지 않거나 애써 왜곡하면서 약간의 문제점이 제기되는 자료만을 침소봉대하고 있기 때문이다. 참으로 아는 게 병, 식자우환이라는 말이 딱 들어맞는다고 할 수 있다.

석도石島=독도獨島인 이유

'대한제국 칙령 41호'에서 밝힌 석도石島가 지금의 독도임은 명확하다. 석도가 독도로 처음 표기된 것은 1904년이다. 일본군함 니다카新高호는 『행동일지』 1904년 9월25일조에 "리아쿠르암(1849년 1월27일 독도를 발견한 프랑스 포경선 리앙쿠르호의 이름을 딴 것, 인용자)은 한인이 독도獨島라고 적고 우리나라(일본) 어부들은 리앙꼬시마로 호칭한다"[46]고 기록하고 있다.

한국 공문서에 독도獨島가 처음 등장한 것은 1905년이다.

---

46) 『軍艦新高行動日誌』(日本防衛廳戰史部), 황태연, 『백성의 나라 대한제국』, 749쪽에서 재인용.

『구한국외교문서舊韓國外交文書』1905년 2월23일자에서 "일본이 독도獨島를 강탈하여 죽도竹島라 하고 시마네島根 현에 편입하다"라고 기록한 것이 그것이다. 심흥택 울릉군수도 1906년 보고서에서 석도石島를 독도獨島로 표기하고 있다.[47]

독도는 울릉도에 사는 사람들이 독섬이라고 불렀다. 돌로 이루어진 섬이라는 뜻이다. 독섬을 '칙령 41호'에서는 석도石島라 표기하고, 심흥택 보고서에선 왜 독도獨島라고 표기했을까. 그것은 임금이 하교하는 교지, 교서, 윤음, 왕령, 칙령 등의 글품격에 맞는 '정식 한문'에서는 순 우리말로 된 토속지명을 훈역訓譯(뜻에 맞춰 번역하는 것)이 상례였던 반면, 관리들의 별단 보고나 관문關文(상급기관에서 아래로 하달되는 공문), 하급관리의 상달보고 등에서는 '이두식 한문'이 관행이었기 때문이었다. 이두식 한문에서는 실용에 맞춰 토속지명을 음역音譯하거나 음역과 훈역을 적당히 결합해 표기했다.[48]

칙령 41호가 발령됐을 당시 울릉도에 살던 주민의 대다수(85%)는 고흥반도 등 전라도 사람이었다. 그들은 독도를 독섬이라 불렀다. 전라도 지역에서는 지금도 돌로 된 섬을 독섬이라 부른다. 독섬이라는 같은 섬이 황제칙령의 정식한문체에서는 석도石島로, 심흥택 군수의 보고서에선 독도獨島로 표기됐던 것이다. 독섬을 음역해 독도獨島로 표기하다 보니, 요즘에서는 돌로 된 섬이라는 원래 뜻보다는 독獨의 의미로 해석돼 '외로운 섬, 외딴 섬'이라는 뜻으로 부가됐다.

그러한 역사적, 언어학적 유래를 알지 못하기 때문에 독도獨島라는 한자만 보고 '외로운 섬'이라는 오해가 숱하게 나온다. 우리의 애창곡 가운데 하나인 〈독도는 우리 땅〉의 '외로운 섬 하나'라는 가사도 당연히 바뀌어야 한다. 독도는 절대로 외로

---

47) 황태연, 『백성의 나라 대한제국』, 749쪽.
48) 황태연, 『백성의 나라 대한제국』, 751쪽.

운 섬 하나가 아니라, 91개로 이루어진 큰 섬[49]이기 때문이다.

카이로선언과 포츠담선언도 '독도=대한민국영토' 보장

일제는 1910년 8월29일 총칼로 위협해 대한제국을 강제로 병합했다. 이로써 울릉도와 독도도 '합법'이라는 겉모습을 한 사기극으로 강탈당하고 말았다. 하지만 일제의 강압으로 체결된 '한국병합조약'은 원천무효였다. 당시 국권의 최고, 최종 책임자인 순종 황제가 병합서에 서명날인하지 않았기 때문이다. 게다가 1910년 8월29일 순종황제 이름으로 발표된 병합을 알리는 〈칙유〉에 대한제국 관계 대신의 직함과 이름이 하나도 보이지 않는다. 같은 날 발표된 일본 천왕의 〈조서〉에 11인의 대신들이 병서한 것과 대조적으로, 대한제국 대신들이 나오지 않는 것은 병합승인문서로서는 치명적 결함이다.[50]

게다가 순종황제는 1926년 4월26일 붕어하기 직전, 자신의 곁을 지키고 있던 궁내대신 조정구趙鼎九에게 구술한 유조遺詔에서 "병합 인준은 내가 한 것이 아니다"라고 밝혔다. 미국 샌프란시스코 한국교민들이 발행한 『신한민보新韓民報』에 보도된 유조에서 순종은 "지난 날의 병합인준은 강포한 이웃이 역신의 무리와 함께 제멋대로 해서 제멋대로 선포한 것이요 다 내가 한 바가 아니라"며 "오직 나를 유폐하고 나를 위협하여 나로 하여금 명백히 말할 수 없게 한 것으로 내가 한 것이 아니니 (중략) 백성으로 하여금 병합이 내가 한 것이 아닌 것을 분명히 알게 하면 이전의 소위 병합 인준과 양국讓國의 조칙은 스스로 파기에 돌아가고 말 것이리라. 여러분들이여 노력하여 광복하

---

49) 홍찬선, 〈독도는 외롭지 않다〉, 『가는 곳마다 예술이요 보는 것마다 역사이다』(서울: 문화발전소, 2021), 16쪽.
50) 이태진, 〈한국황제의 '한국병합조약' 비준 거부〉, 이태진, 『끝나지 않은 역사-식민지배 청산을 위한 역사인식』(파주: 태학사, 2017), 74쪽.

라. 짐의 혼백이 저승에서 여러분을 도우리라"[51]고 밝혔다.

이처럼 원천무효인 일제의 대한제국 강탈에 대해 〈카이로선언〉과 〈포츠담선언〉에서는 한국의 독립과 병합 전 영토회복을 천명하고 있다. 중미영 3개국 정상이 1943년 11월26일 이집트 카이로에서 합의한 뒤 그해 12월1일 테헤란에서 발표한 〈카이로선언〉은 "(미중영) 세 강대국은 한국백성의 노예상태를 유념하고 적절한 시점에 한국이 자유로워지고 독립적이 돼야 한다고 결의한다"[52]고 밝혔다. 1945년 7월26일에 발표된 〈포츠담선언〉 8조에서도 "일본의 주권은 혼슈(本州) 홋카이도 규슈 시코쿠와 연합국이 결정하는 작은 섬들에 제한된다"[53]고 명시, 카이로선언에서 결정한 한국의 독립을 재확인했다.

연합국 최고사령관 지령(SCAPIN) 677호도 밝힌 '독도=대한민국영토'

〈카이로선언〉과 〈포츠담선언〉을 통해 한국의 자유 독립이 확정됐으며, 울릉도와 독도를 포함한 영토도 되찾게 됐다. 이는 일본이 태평양전쟁에서 무조건 항복한 뒤 일본을 통치한 연합군 최고사령부에서 발표한 지령('연합국 최고사령관 지령, SCAPIN')에서도 명확히 밝히고 있다.

---

51)『新韓民報』1926년 7월8일자. 이태진,『끝나지 않은 역사-식민지배 청산을 위한 역사인식』, 74쪽에서 재인용.
52)"The aforesaid three great powers, mindful of the enslavement of the people of Korea, are determined that in due course Korea shall become free and independent", 황태연,『갑진왜란과 국민전쟁』(파주: 청계, 2017), 593쪽에서 재인용.
53)"The terms of the Cairo Declaration shall be carried out and Japanese sovereignty shall be limited to the islands of Honshu Hokkaido Kyushu Shikoku and such minor islands as we determine", 〈Potsdam Declaration〉 8조, 김신,『독도를 지키는 법』(서울: 지영사, 2018), 91쪽에서 재인용.

1946년 1월29일에 발표된 'SCAPIN 677호'는 3조에서 "일본의 범위에서 제외되는 지역으로 (a) 울릉도, 리앙쿠르록(독도), 제주도"[54]라고 명시하고 있다. 4조에서도 "일본제국 정부의 정치적 행정 관할권에서 특히 제외되는 지역으로 (c) 조선"을 천명하고 있다. 다만 6조에서는 "이 지령 중의 조항은 모두 포츠담선언 제8조에 있는 작은 섬의 최종적 결정에 관한 연합국 측의 정책을 나타내는 것으로 해석되어서는 안된다"는 단서 조항을 달고 있다.

일본은 이 단서조항을 걸고넘어지고 있다. 'SCAPIN677' 3조에서 독도를 일본 영토에서 제외했지만 그것이 최종적으로 결정된 사항은 아니라는 억지다.[55] 일본 정부는 "SCAPIN677과 포츠담명령인 '포츠담정령 제40호(조선총독부 교통국 공제조합의 본방 내에 있는 재산의 정리에 관한 정령)'가 일본 '법률 제16호'에 계속 존치되었다는 사실, 그리고 '포츠담정령 제291호(구 일본점령지역에 본점을 둔 회사의 본방 내에 있는 재산의 정리에 관한 정령)' 역시 '법률 제43호'에 계속 존치되었다는 사실을 언급하고 있지 않기 때문이다. 게다가 '샌프란시스코 평화조약'이 발효된 1952년 4월28일까지 SCAPIN677 외에 어떤 지령도 발표하지 않았기 때문에 SCAPIN677은 샌프란시스코 평화조약이 발효할 때까지 계속 유효했다. 뿐만아니라 포츠담명령이 일본 국회를 통과해 계속 존속하고 유효하기 때문에 관련법도 현재까지도 계속 효력이 있다. 이에 따라 샌프란시스코 평화조약 발효 후에 독도가 울릉도 제주도와 함께 대한민국에 반환돼, 한국이 주권을 행사하고 있는 것이다.[56]

---

54)"Japan is defined to (중략), and excluding (a) Utsuryo(Ullung), Liancourt Rocks(Take Island) and Quelpart(Saishu or Cheju) Island", 〈SCAPIN-677〉, 1946. 1. 26, 김신, 『독도를 지키는 법』, 112쪽에서 재인용.
55)일본 외무성 홈페이지.

'샌프란시스코 평화조약'에서도 '독도=대한민국영토' 인정

6.25전쟁 기간 중에 체결돼 발효된 '샌프란시스코 평화조약'에서도 '독도=대한민국영토'를 묵시적으로 인정하고 있다. 이 조약 제2조는 "일본은 한국의 독립을 인정하고, 제주도 거문도 울릉도를 비롯한 한국에 대한 모든 권리와 소유권 및 청구권을 포기한다(Japan recognizing the independence of Korea, renounce all right, title and claim to Korea, including the islands of Quelpart, Port Hamilton and Dagelet)"[57]고 규정하고 있다.

일본은 이 조약내용을 근거로 독도가 일본영토라고 주장하고 있다. 하지만 이는 조약문을 자기 입맛에 맞게 자의적으로 해석하고 있는 것에 불과하다. 위에서 알 수 있듯이 '샌프란시스코 평화조약'에는 독도에 대한 어떤 언급도 나오지 않는다. 다만 독도가 명문에서 빠졌을 뿐 SCAPIN677조에서 명확히 밝혔던 영토조항과 거의 대부분 일치한다. 게다가 평화조약 19조 d항에서 "연합국 총사령부의 모든 지령을 유효한 것으로 인정한다"고 규정했다고 해서, 그리고 'SCAPIN677'가 "패전국 일본의 영역을 최종적으로 결정하는 것은 아니다"라는 단서조항을 명기했다고 해서, 독도가 일본영토라고 인정한 것은 전혀 아니다.

이에 따라 일본은 이런 조약과 법령에 따라 울릉도 거문도 제주도와 함께 독도도 한국에 반환한 것이다.[58] 이는 '포츠담명령 40호'가 '법률 16호'로(나중에 법률 116호로 개정됨), '포츠담명령 291호'가 '법률 43호'로 제정돼 계속 효력을 갖는 점

---

56) 김신, 『독도를 지키는 법』, 55쪽.
57) 〈Treaty of Peace with Japan〉, 김신, 『독도를 지키는 법』, 259쪽에서 재인용.
58) 김신, 『독도를 지키는 법』, 258~259쪽.

에서도 확인된다.

'샌프란시스코 평화조약'마저 왜곡하는 이영훈

사정이 이렇게 명명백백한데도 이영훈은 애써 이런 사실들을 보지 않고 있다. 그는 "샌프란시스코 평화조약 협상과정에서 한국정부가 미국에게 독도를 일본영토에서 분리해달라고 요청하면서도 합당한 근거를 제시하지 못했다"며 "미국 국무부가 1951년8월, 한국 정부에 회신한 내용을 읽으면 등골이 서늘할 정도로 정확한 대답이었다"고 습관처럼 왜곡하고 있다. "독도, 다른 이름으로는 다케시마竹島 혹은 리앙쿠르암으로 불리는 것과 관련해서 우리 정보에 따르면, 통상 사람이 거주하지 않은 이 바윗덩어리는 한국의 일부로 취급된 적이 없으며, 1905년 이래 일본 시마네현 오키섬 관할 하에 놓여 있었다. 한국은 이전에 결코 이 섬에 대한 권리를 주장하지 않았다."[59]는 것이다.

하지만 '실증주의 역사학'을 주창하는 이영훈은 미 국무부 회신에 나온 '우리 정보에 따르면'이라는 말이 어떤 뜻인지를 전혀 알지도 못하고, 알려고도 하지 않는 오류를 범하고 있다. 주지하다시피 '샌프란시스코 평화조약'은 한국이 6.25전쟁을 치르는 동안에, 한국 대표팀 참여가 거절된 상황에서 맺어졌다. 따라서 미 국무부가 파악한 '우리 정보'는 일본이 제공한 정보일 뿐이다. 그러므로 회신내용은 '일본 주장'을 그대로 옮겨 놓은 것에 불과하다. 그런데도 이영훈은 저런 엉터리 같은 서술에 '등골이 서늘할 정도'라고 궤변을 늘어놓고 있다.

특히 이영훈이 제시하는 미 국무부 입장이란 것은 이른바 '러스크 서한'이라는 것인데, 이것은 국제법적 효력이 없는 문서다. 이 러스크 서한은 연합국 협의를 거치지도 않았고, 일본

---

[59] 이영훈, 『반일 종족주의』, 170~171쪽.

에도 통보되지 않은 상태에서 한국에만 보낸 비밀문서이기 때문이다. 1998년에 처음으로 공개된 '러스크 서한'은 '샌프란시스코 평화조약'이 발효되고 난 지 1년도 넘은 1953년 7월22일까지 일본에 알리지 않았다. 또 러스크 서한은 〈포츠담선언〉을 따를 필요가 없다는 견해를 포함하고 있기 때문에도 무효다.[60] '독도가 일본의 영토라는 미국의 견해'를 담은 '러스크 서한'은 샌프란시스코 평화조약으로 인해 아무런 효력을 갖지 못한다. 그럼에도 일본이 무효인 '러스크 서한'을 집요하게 거론하는 이유는 미국의 견해를 전 세계의 견해로 착각하기 쉬운 사람들의 심리를 이용한 고도의 왜곡이자 심리작전이다.[61] 그런데도 이영훈이 '러스크 서한'이란 출처도 숨긴 채 '등골이 서늘할 정도'를 운운하며 침소봉대하는 것은 일본극우세력의 나팔수라고 해도 과언이 아닐 것이다.

게다가 미국은 협상초기에 SCAPIN677에 따라 독도를 한국영토에 포함시키는 초안을 마련했다. 미국이 연합국을 대표해 1947년부터 작성한 제5차 초안까지는 독도를 한국 영토로 기록했다. 5차 초안은 "일본은 이로써 한국을 위하여 한국의 본토와 제주도, 거문도, 울릉도, 다케시마를 포함한 한국의 모든 해안 도서들에 대한 모든 권리와 권원을 포기한다"[62]고 했다. 이는 SCAPIN 677를 그대로 적용한 결과다. 하지만 당시 일본 정부의 정치고문이던 윌리엄 시볼드는 일본의 강한 로비를 받고 6차 초안에 독도를 일본 영토에 포함시켰다. 그러나 7차 초안은 다시 독도를 한국 영토에 포함시켰다. 이후 엎치락뒤치락 한 끝에 최종적으로 독도를 아예 조약문에서 제외시키는 편법으로 마무리했다.[63]

---

60) 호사카 유지, 『독도, 1500년의 역사』, 61~73쪽.
61) 호사카 유지, 『독도, 1500년의 역사』, 73쪽.
62) 호사카 유지, 『독도, 1500년의 역사』, 56쪽.

미국은 6.25전쟁에서 일본을 병참기지로 활용해야 하는 현실적 필요성을 감안해 독도를 제외했음에도 불구하고, 독도를 일본 영토에 포함시켜 달라는 일본의 줄기찬 로비를 물리친 것이다. 이에 따라 독도는 대한민국 영토로 반환돼 지금도 대한민국이 주권을 행사하고 있다.

이영훈은 이승만 전 대통령을 존경하고 그의 사상을 계승하겠다고 만든 '이승만 학당'의 교장임에도 불구하고 독도를 한국 영토에 포함시킨 이 대통령을 '폄하'하는 발언도 서슴지 않고 있다. 그야말로 그의 말처럼 자가당착에 빠져 있는 것이다. 그가 "주지하듯이 1952년 1월 이승만 대통령은 평화선을 발표하여 독도를 한국 영토에 편입했다. 이후 한일 간에 독도분쟁이 시작됐다. 미국은 (위의 인용문처럼) 한국에 통보했음에도 불구하고 두 나라 분쟁에 개입하지 않았다. 영토분쟁이 이성과 법리의 문제라기보다 감성과 흥분의 대상인 경우가 많기 때문이다"[64]고 서술하고 있기 때문이다.

이영훈은 '한일간 독도분쟁'의 원인이 마치 '이승만 대통령의 평화선'에 있는 것처럼 역사를 왜곡하고 있다. 분쟁의 원인이 지리적, 역사적, 국제법적으로 대한민국 영토임이 명명백백한 독도에 대해 일본이 자기네 땅이라고 우기는 것에 있음은, 미국을 비롯한 전 세계가 알고 있는데도, 이영훈은 손바닥으로 하늘을 가리겠다는 잘못, 아니 오만을 부리고 있는 셈, 아니 역사를 왜곡하는 반민족적 행위를 자행하고 있는 것이다.

그는 또 이승만 대통령이 한국해군에게 평화선을 넘는 일본 어선을 나포하도록 명령해 일본 어선 326척을 나포해 일본인 3929명을 체포했다는 사실도 거론하지 않는다. "이 곤란한 문제(독도분쟁, 인용자)를 두고 이승만 정부 이후 역대 정부는

---

63) 호사카 유지, 『독도, 1500년의 역사』, 56~61쪽.
64) 이영훈, 『반일 종족주의』, 171쪽.

현명하게 대처해 왔다. 독도가 우리 영토라는 입장을 고수하면서도 상대방을 자극하는 공격적 자세는 자제해 왔다"[65]며 왜곡하고 있을 뿐이다.

'독도가 일본의 부속 섬이 아니다'라고 밝힌 일본 법령[66]

일본은 '일본의 부속섬'을 명기하고 있는 법률 정령 성령 고시 등에서 독도를 울릉도 제주도와 함께 일본의 부속섬에서 제외하거나 외국으로 정의하고 있다. 일본 스스로도 '외교적 이익'을 위해 독도가 일본 땅이라고 우기지만, 법적으로는 한국 영토임을 인정하고 있는 것이다.

우선 1946년 8월16일에 발표된 일본 '대장성 고시 654호'에서 '회사경리응급조치법 시행령 25조 1호'의 규정에 의해 외국에 포함되는 지역으로 1. 조선 대만 관동주 남양군도 및 화태, 4. 다케시마竹島라고 밝히고 있다.

1946년 8월27일에 발표된 '사법성령 77호'에서도 '법률 11호'에서 명기하고 있는 일본 영토로서 혼슈 북해도 시코쿠 큐슈의 부속도서에 제외되는 섬에 다케시마竹島를 포함시키고 있다. '호적법 시행규칙'으로 1947년 12월29일에 발표된 '사법성령 94호'에서도 조선과 다케시마를 일본의 영토가 아니라고 규정하고 있다.

이밖에 1948년 7월7일의 '대장성령 59호'와 그해 7월19일의 '대장성령 219호' 및 1948년 8월31일의 '체신성령 1호', 1948년 9월27일의 '농림성령 87호', 1949년 1월4일의 '외무성령 1호', 1949년 5월26일의 '대장성령 36호', 1950년 1월28일의 '통상산업성령 1호', 1950년 4월25일의 '정령 95호', 그해 5

---

65) 이영훈, 『반일 종족주의』, 171쪽.
66) 이하 논의의 법령 출처는 김신, 〈독도가 외국이거나 일본의 부속 섬이 아니라는 법령〉, 김신, 『독도를 지키는 법』, 291~323쪽.

월6일의 '대장성령 50호' 등 24개 법령에서 독도를 일본 영토에서 제외시킨다는 사실을 명기하고 있다.

특히 일본의 방공식별구역(JADIZ)을 밝힌 '법률 165호(자위대법, 1954년 6월9일)'에 따라 제정된 '방위청 훈령 36호' 2조에서 독도는 한국방공식별구역(KADIZ) 구역 내에 위치하고 있다고 밝히고 있다.[67]

일본 스스로도 이렇게 독도가 자기네 땅이 아니라 한국 영토임을 실토하고 있는 수많은 자료가 있는데, 일본어를 자유자재로 구사하는 이영훈은 이런 자료를 읽지 않고 '독도가 한국영토라고 하는 것은 환상'이라는 '일본식 망언'을 되풀이하고 있는 저의가 심히 의심스럽다. 다시 한 번 이런 서술 태도가 '한 사람의 참된 지식인', '세계인으로서 자유인', '자신이 속한 국가의 이해관계조차 공평하게 바라보는' 학자적 양심을 갖고 있는지 묻지 않을 수 없다.

'한일기본협약'에서도 명확해진 '독도=대한민국 영토'

독도가 대한민국 영토라는 사실을 밝혀줄 자료가 이렇게 많은데도 불구하고 일본이 여전히 독도가 자기네 땅이라고 우기는 꼬투리를 제공한 것은 1965년에 체결된 '한일협정'이었다. 한일협정은 '기본관계에 관한 조약'을 비롯해 '재일교포의 법적 지위와 대우에 관한 협정' '어업에 관한 협정' '청구권. 경제협력에 관한 협정' '문화재. 문화재 협력에 관한 협정'등 4개의 협정들로 구성돼 있다.

한일협정이 체결된 당시로서는 어쩔 수 없는 현실적 문제가 있었을지 몰라도, 현재 시점에서 되돌아보면 문제점이 적지 않다. 그 가운데서도 '기본조약 제2조'의 "1910년 8월22일 (합일병합조약 체결일, 인용자) 및 그 이전에 대한제국과 대

---

67) 김신, 『독도를 지키는 법』, 321~323쪽.

일본제국 사이에 체결된 모든 조약 및 협정이 이미 무효임(are already null and void)을 확인한다"는 내용이 특히 아쉽다. 이 조문은 대한민국과 일본 사이의 기본 관계 및 이에 대한 양국 당국의 해석이 부딪쳐 식민지배상에 대한 배상을 포함한 것으로 인식하게 만들었기 때문이다.[68]

특히 이 조문은 당초 한국이 제시한 "대한민국 및 일본국은 1910년 8월22일 이전에 구 대한제국과 대일본제국 간에 체결된 모든 조약 또는 협정은 무효라는 것(are null and void)을 확인한다"는 것에서 이미(already)라는 단어를 추가한 것이다. 한국의 당초 안에 따르면 일본의 식민지배는 불법으로 규정된다. 따라서 일본은 강하게 반발했고, 1953년10월부터 시작된 3차 한일회담이 결렬된 뒤 4년 동안 회담 자체가 열리지 않았다. 그 후에도 수차례 열린 회담에서도 합의점을 찾지 못하다가, 1965년 2월19일 한일 외무장관이 자리한 '청운각 회합'에서 '무효(are null and void)'를 '이미 무효(are already null and void)'로 수정하기로 합의했다. '무효'를 '이미 무효'로 바꾸어 '무효의 시점에 대해 각기의 해석이 가능한 여지를 만들어' "체결 당시에는 유효였다"고 해석할 여지를 만들기를 바라는 일본의 요청을 받아들인 것이다.[69]

따라서 한일국교회복에서 최대 걸림돌로 작용했던 일본의 식민지배 인정문제는 상호이해를 거치지 않고 외교관계를 서두른 '동상이몽'의 결과였으며, 아직까지도 한일갈등의 불씨를 해소하지 못하는 원인을 남겨놓았다.

'미해결의 해결'과 '독도밀약'

---

68) 이태진, 『끝나지 않은 역사-식민지배 청산을 위한 역사인식』, 326쪽.
69) 이태진, 『끝나지 않은 역사-식민지배 청산을 위한 역사인식』, 326~328쪽.

한일협정에서 한일은 독도문제에 대해 "앞으로 해결해야 한다는 것으로써 일단 해결한 것으로 간주한다. 따라서 한일기본조약에서는 언급하지 않는다"고 합의한다. 정일권-고노이치로 사이에 합의된 이것을 통상 '미해결의 해결'이라고 한다. 하지만 한일 양국은 당시 다음과 같은 내용의 '독도밀약'을 맺고 공개하지 않기로 한 것으로 전해지고 있다. 독도밀약에 대해 한일 정부는 공식적으로 부인하고 있지만, 이 과정에 참여한 김종필의 친형인 김종락 씨의 월간중앙 인터뷰와 일본의 시마모토 겐로 요미우리 서울특파원의 증언 등에 의해 사실인 것으로 드러나고 있다.[70]

독도밀약[71]
1. 독도는 앞으로 대한민국과 일본 모두 자국의 영토라고 주장한다. 이에 반론하는 이의를 제기하지 않는다.
2. 장래에 어업구역을 설정할 경우 양국이 독도를 자국 영토로 하는 선을 획정하고 두 선이 중복되는 부분은 공동수역으로 한다.
3. 현재 대한민국이 점거한 현상을 유지한다. 그러나 경비원을 증강하거나 새로운 시설의 건축이나 증축은 하지 않는다.
4. 양국은 이 합의를 계속 지켜 나간다.

한일 양국 정부가 독도밀약을 부인하고 있으나 양국 정부는 아직까지도 독도밀약이 있는 것처럼 행동하는 것으로 보인다. 예를 들어 독도에 있는 접안시설을 좀 더 확충하면 울릉도에서 독도로 가는 뱃길의 파도가 조금 높은 날에도 갈 수 있을

---

70) 장계황, 『독도! 단군조선 이래 우리 땅』(서울: 한국역사영토재단, 2019), 37~38쪽.
71) 장계황, 『독도! 단군조선 이래 우리 땅』, 38쪽.

터인데, 무슨 까닭인지 접안시설을 늘리지 않고 있다. 독도 경비대 규모도 일정수준을 유지하고 있다. 참으로 묘한 현상유지라고 할 수 있다.

5. 독도가 대한민국 영토인 이유4 ; 실효적 지배

독도는 주민도 살고 있어 무인도가 아닌 유인도다. 고 최종덕씨는 1963년부터 독도에 들어가 생활하다 1981년 10월14일에는 주소를 독도로 옮겨 사상 최초의 독도 주민이 됐다.[72] 그는 독도에서 생활하기 위해 독도에서 유일하게 민물(담수淡水)이 나오는 서도의 '물골'을 정비했다. 또 서도를 걸어 넘어 살림집에 이르는 길에 998계단을 만들었다. 풍랑이 심해 배로 물골에 갈 수 없을 때가 많아, 갈 수 없을 때를 대비하기 위해서였다. 이렇게 독도에서 생활 터전을 마련한 그는 처 조갑순과 딸 최경숙의 주민등록도 독도로 옮겼다. 그와 함께 바다 일을 했던 제주 해녀들도 독도로 주민등록을 옮기도록 해 독도에 마을을 조성하고자 했다.[73]

그가 1987년에 뇌출혈로 갑자기 사망한 뒤엔 김성도 씨가 독도주민으로 살다 2018년 10월21일에 서거했다. 그 뒤 김성도씨의 사위인 김경철 씨 부부가 2019년8월부터 장모인 김신렬 씨와 함께 독도에서 살고 있다.

독도에 주소지를 두고 실제로 살고 있는 주민이 있다는 사실은 여러 가지 점에서 매우 중요하다. 우선 경제수역과 대륙붕과의 관련이다. 1982년 4월에 채택된 유엔해양법협약 제121조 제3항은 "인간의 거주 또는 독자적 경제생활을 지탱할 수 없는 암석은 배타적 경제수역 또는 대륙붕을 가질 수 없다"고

---

72) 김호동 편저, 『영원한 독도인 최종덕』(서울: 경인문화사, 2012), 18쪽.
73) 김호동 편저, 『영원한 독도인 최종덕』, 7쪽.

규정하고 있다. 하지만 제1항의 도서(islands) 요건, 즉 인간이 거주하는 섬이면 경제수역과 대륙붕을 가질 수 있다.

최종덕 씨의 독도 거주는 독도가 유인도라는 것을 증명한다. 즉 먹을 수 있는 민물, 즉 식수를 자체적으로 충당한다. 또 독도 동도의 천장굴 주변에 수령 100년 이상의 사철나무가 있다.[74] 조류의 배설물에 의해 저절로 싹이 터 자란 것으로 추정되고 있다. 상주 인구가 2가구 이상이어야 한다는 주장이 있지만 이는 유엔협약에 명시돼 있지는 않다.

최종덕 씨와 그 뒤를 이은 김성도씨 및 김경철 씨 등의 독도 거주는 한국이 독도를 확실하게 실효적 지배를 하고 있다는 것을 뜻한다. 실효적 지배는 영토임을 증명하는 아주 중요한 팩트다.

실효적 지배란

실효적 지배란 대한민국의 행정력과 공권력이 동시에 미치고 있다는 것을 의미한다. 이는 독도 주민 김신렬씨나 김경철 씨 주소로 편지를 보내면 독도에서 그 편지를 받아볼 수 있다는 것을 뜻한다. 만일 독도에서 폭력행위나 절도행위가 일어난다면 한국 형법에 의해 한국 법정에서 재판받는다. 단순히 한국 경찰인 독도수비대가 주둔하고 있다는 것보다 훨씬 더 중요한 실효적 지배가 행정력과 공권력이라는 얘기다.

대한제국도 독도를 실효적으로 지배했다. 일본 어민들은 1900년대 초, 독도 수역에서 잡은 강치와 전복 같은 해산물을 울릉도에서 가공해 일본으로 수출하면서 대한제국에 세금을 냈다. 울릉도의 경부警部 니시무라 게이조는 부산 영사관의 시데하라 기주로 영사에게 1902년 5월, 〈한국 울릉도 사정韓國鬱陵島事情〉이란 보고서를 올렸다. 이 보고서에는 "이 섬(울릉도, 인용자)의 정동 약50해리에 3소도가 있다. 이를 량코도라고 한다.

---

74) 김호동 편저, 『영원한 독도인 최종덕』, 16쪽

우리나라 사람은 마쓰시마(松島)라고 한다. 거기에 다소의 전복이 있으므로 본도에서 출어하는 자가 있다. 그러나 그 섬에 음료수가 없으므로 오래도록 출어할 수 없고 4~5일이 지나 본도로 귀항한다"[75]고 적혀있다. 독도에서 전복을 채취한 일본인들은 울릉도에서 〈울도군 절목〉에 따라 1%의 세금을 내고 일본으로 수출했을 것이 확실시된다. 〈칙령 41호〉에서 독도(석도)를 울릉도 관할로 한다고 명시하고 있기 때문이다.

일본인들은 독도에서 강치를 잡아 울릉도에서 수출한 기록이 남아 있다. 1904년에 강치가죽 1600관과 강치기름 2석을, 1905년에 강치기름 83상자와 강치절임 150관이 수출됐다. 독도 강치가 울릉도 수출품 통계에 잡혀 있다는 것은 울도군이 수출세를 징수했다고 볼 수 있다.[76]

일본이 이처럼 대한제국의 징세 요구에 응했다는 것은 독도가 한국 영토라는 것을 인정했음을 뜻한다. 이같은 수세(收稅) 관행은 일본인들이 1880년대부터 1905년에 이르기까지 울릉도와 그 주변해역에서의 경제활동에 가해진 대한제국의 징세권에 동의함으로써 성립된 것이다. 일본이 강해짐에 따라 울릉도 일본인들이 세금을 회피하려 한 흔적은 보이지만 그 경우에도 독도가 일본 영토라고 주장하거나 일본 영토이므로 세금을 낼 수 없다고 항의한 흔적은 보이지 않기 때문이다.[77]

6. 독도를 확실히 지키는 역사전쟁

세계 각국은 1969년, 『조약법에 관한 비엔나 협정(Vienna Convention on the Law of Treaties)』을 체결했다. 비엔나협

---

75) 유미림, 『우리 사료 속의 독도와 울릉도』, 222쪽에서 재인용.
76) 유미림, 『우리 사료 속의 독도와 울릉도』, 227~228쪽.
77) 유미림, 『우리 사료 속의 독도와 울릉도』, 233~234쪽.

정 32조는 "국제간 조약에 있어서 조약 해석에 의문이 있을 때에는 '조약의 준비물과 결론의 환경'을 해석의 보조수단으로 적용한다."고 규정하고 있다. '샌프란시스코 평화조약'에 따르더라도 독도가 한국 영토임은 명확하지만, 일본이 이 조약문을 문제 삼는다면 비엔나협정에 따라 『연합국의 구 일본영토 처리에 관한 합의서(SCAPIN 677호)』를 중심으로 결정하면 된다. [78] 이미 살펴본 것처럼 'SCAPIN 677'에서는 독도를 일본 영토에서 제외하고 대한민국 영토로 명기하고 있다. 일본이 전가의 보도처럼 악용하는 '샌프란시스코 평화조약'도 '비엔나협정' 아래에서는 더이상 독도를 일본영토라고 주장할 수 없는 것이다.

여호와가 미워하시는 것 ; 교만한 눈, 거짓된 혀, 형제 이간하는 자…

그럼에도 불구하고 아베 전 총리[79]를 비롯한 일본의 극우세력들은 때와 장소를 가리지 않고 "독도가 일본 땅"이라고 억지를 쓴다. 이영훈을 비롯한 일부 한국인들도 때로는 은근히, 때로는 노골적으로 일본의 극우세력과 같은 목소리를 내고 있다. 참으로 어처구니없는 일이다.

이영훈은 "독도는 1951년 미 국무부가 밝힌 대로 커다란 바윗덩어리에 불과하다. 땅이 있고 물이 있어서 사람이 사는 섬이 아니다. 국제사회가 영해를 가르는 지표로 인정하는 섬이 아니다. 그것을 민족의 혈맥이 솟은 것으로 신성시하는 종족주의 선동은 멈춰야 한다"[80]고 '선동'하고 있다.

이 대목을 보면 이영훈은 독도에 한 번도 가보지 않은 게 확실하다. 독도는 아무것도 살 수 없는 바윗덩어리가 아니다.

---

78) 장계황, 『독도! 단군조선 이래 우리 땅』, 104~105쪽.
79) 아베 전 총리는 2022년 7월8일, 참의원 선거를 위한 유세 중 괴한의 총격을 맞고 사망했다.
80) 이영훈, 『반일 종족주의』, 173쪽.

서도에는 사람이 먹고 살 수 있을 정도의 민물이 있다. 또 동도와 서도 비탈에는 해국(독도국화)과 사철나무 등이 거센 비바람을 맞고서 자란다. '실증주의'를 그렇게 강조하는 학자라면 왜곡된 일본 자료에 파묻혀 지내지만 말고, 현장이 어떻게 생겼고 현장에서 어떤 일이 일어나고 있는지 직접 가서 살펴보는 게 정도라고 할 수 있다.

그는 곧이어 "냉철하게 우산도와 석도의 실체를 살펴야 한다. 도발적인 시설이나 관광도 철수하고 길게 침묵해야 한다. 그 사이 일본과의 분쟁은 낮은 수준에서 일종의 의례로 관리되어야 한다. 최종 해결은 먼 훗날의 세대로 미뤄야 한다"고 일본인처럼 말하고 있다.

사마광은 『자치통감』에서 "소인과 일을 하는 것은 어리석은 이를 얻는 것만 같지 못하다"고 꼬집었다. "군자는 재주를 끼고서 선善을 위하고 소인은 재주를 끼고서 악惡을 위한다. 어리석은 자는 비록 불선不善한 짓을 해도 지략이 능히 두루 하지 못하고 힘이 능히 이기지 못한다"[81]는 설명이다. 한마디로 아는 게 병이라는 말이다. 이는 니체가 "우리는 아는 것은 너무 적고 배우는 데도 서툴다. 그러므로 우리는 거짓말을 할 수밖에 없는 것이다"[82]라고 거짓말 잘하는 시인을 비판한 것과 일맥상통한다.

『구약성서』〈잠언〉에서는 "여호와의 미워하시는 것이 육칠 가지니, 곧 교만한 눈과 거짓된 혀와 무죄한 자의 피를 흘리는 손과 악한 계교를 꾀하는 마음과 빨리 악으로 달려가는 발과 거짓을 말하는 망령된 증인과 형제 사이를 이간하는 자니라"[83]고 밝히고 있다. 사마광과 니체, 그리고 잠언의 명언은

---

81) 이윤숙, 『주역대관-리더십의 제왕학』 (서울: 한자와유학경전연구소, 2018), 290~292쪽에서 재인용.
82) 프리드리히 니체, 장희창 옮김, 『차라투스트라는 이렇게 말했다』 (서울: 민음사, 2007), 225쪽.

모두 이영훈 같은 헛똑똑이들을 경계하고 질책하는 말이라고 할 수 있다.

독도는 대한민국 영토 ; 절대로 '반일 종족주의' 환상이 아니다

독도가 대한민국 영토라는 사실을 뒷받침하는 자료는 수없이 많다. 또 독도가 일본 영토가 아니라는 자료도 널려 있다. 특히 일본 스스로 제정한 법령에서도 수두룩하게 찾을 수 있다. 그런데도 아직까지 독도가 대한민국 영토라는 사실을 의심하거나, 독도가 일본 땅이라고 주장하는 사람들은 사물을 제대로 인식하지 못하는 병증이 있거나, 아니면 그런 의심과 주장을 함으로써 적절하지 않은 대가를 챙기려 한다는 합리적 의심을 할 수밖에 없을 것이다.

조선 정부는 울릉도와 독도에 대해 육지인이 넘어가 살지 못하도록 섬을 비우는 '쇄출刷出정책'[84]을 펴왔다. 그렇다고 아예 버려둔 것은 아니고 2년 내지 3년마다 순찰을 돌면서 정부 몰래 넘어간 사람들을 붙들어 다시 육지로 데려왔다. 흉년이 들거나 정치적으로 불안정할 때 일시적으로 그런 정책을 소홀히 한 적은 있으나 완전히 버린 적은 없었다. 대한제국은 '칙령 41호'로 독도가 대한제국 영토임을 근대법적으로 확정했고, 태

---

83) <잠언> 6장 16~19절, 하용조 목사 편, 『비전성경』 (서울: 두란노, 2000), 915쪽.
84) 태종 때 공조판서 황희는 '울릉도 주민을 육지로 나오게 하지 말고 곡물과 농기구를 주어 그들의 생업을 안정케 하라'는 일부 의견에 대해 "쇄출의 계책이 옳다. 저들은 일찍이 부역을 피해 편히 살아온 사람들로 만일 세금을 정하고 관리자를 둔다면 이를 싫어할 것이 틀림없으니 그곳에 오래 머물러 있게 할 수 없다"고 주장했다. 태종은 황희 주장을 받아들여 섬을 비우는 쇄출정책을 채택했다. 일본인들은 이 쇄출정책을 공도空島정책이란 용어를 만들어 썼는데, 쇄출정책 또는 빈섬정책으로 써야 할 것이다. 강준식, 『독도의 진실』, 47쪽.

평양전쟁 후 연합군 최고사령부 지령(SCAPIN 677)과 '샌프란시스코 평화조약'에서도 독도의 한국 영유권은 인정받았다.

상식적으로 봐도 대한민국이 독도수비대를 두고, 대한민국 주민이 살고 있으며, 대한민국 관광선이 독도에 오고 가고 있는 현실만 봐도 독도는 대한민국 영토다. 경제적으로나 외교적으로 한국보다 우위에 있는 일본이 대한민국의 이같은 실효지배를 인정할 수밖에 없다는 사실 그 자체가 독도는 대한민국 영토임을 인정하고 있다는 반증이다.

그런데도 이영훈은 "조선시대에 독도에 관한 인식이 없었다. 독도는 대한민국 성립 이후, 그것도 지난 20년 사이에 급하게 반일 민족주의의 상징으로 떠올랐다"[85]고 근거 없는 궤변을 늘어놓고 있다. 이영훈의 주장이 왜곡된 망설이라는 것은 이 글에서 지리적, 역사적, 국제법적, 실효적 지배라는 측면에서 자세하게 제시됐다.

사정이 있어 오랫동안 사용하지 않고 비워 둔 내 땅에, 다른 사람이 와서 자기 땅이라고 우기는 것은 도둑이며 강도가 폭력을 행사하는 것이다. 그런 폭력에 맞서 싸우는 것은 정의이며 정당방위다.

힘이 약해 35년 동안, 아니 51년 동안 지배당한[86] 억울함이 아직도 생생한데, '지식인이며 세계인이고 자유인'이라는 미사여구를 내세워 독자와 국민을 무시하고 기만하는 '독도포기 반역죄'는 더이상 되풀이 되어서는 안된다. 그런 반역죄인을 치죄하기 위해서라도 올바른 역사를 세우고 독도는 대한민국영토라는 사실을 재삼재사 확인하는 '역사전쟁'을 치열하게 펼쳐 나아가야 한다.

역사는 항상 정의의 편이다. 비록 단기적으로 악과 폭력이 이기는 것처럼 착각을 불러일으키기도 한다. 하지만 결국 승리

---

85) 이영훈, 『반일 종족주의』, 151쪽.

하는 것은 정의라는 것이 역사가 보여주고 있는 진리이자 철의 법칙이다. 인생은 짧고 역사는 영원하다. 기껏해야 100년 사는 사람이 길고 긴 역사와 대결하려고 하는 것은 계란으로 바위 치는 일일 뿐이다.

이영훈 씨가 올바른 학자적 양심을 회복하고, 진정으로 자유로운 세계인으로 거듭나기를 진심으로 충고한다. 민족과 역사, 그리고 하늘에 짓는 죄는 절대로 빠져나갈 수 없으며 살아서는 물론 죽어서도 계속 불명예의 멍에를 씌우기 때문이다.

〈참고문헌〉
· 강준식, 『독도의 진실』(소담출판사, 2012).
· 김신, 『독도를 지키는 법』(지영사, 2018).
· 김호동 편저, 『영원한 독도인 최종덕』(경인문화사, 2012).
· 송병기 편, 『독도영유권자료선』(한림대학교출판부, 2004).
· 유미림, 『우리 사료 속의 독도와 울릉도』(지식산업사, 2013).
· 안병직 외, 『近代朝鮮의 經濟構造』(비봉출판사, 1989).
· 이승만, 『독립정신 영인본』(연세대학교 대학출판문화원, 2019).
· 이영훈 외, 『近代朝鮮 水利組合硏究』(일조각, 1992).
· 이영훈 외, 『반일 종족주의』(미래사, 2019).
· 이태진, 『끝나지 않은 역사-식민지배 청산을 위한 역사인식』(태학사, 2017).
· 장계황, 『독도! 단군조선 이래 우리 땅』(한국역사영토재단, 2019).
· 호사카 유지, 『독도, 1500년의 역사』(교보문고, 2016).

---

86) 국제법적으로 원천무효인 '한일합방조약'에 의해 대한제국이 일제에게 국권을 강탈당한 1910년 8월29일부터 따지면 35년이지만, 조선이 사실상 일제의 실질적 강점 아래에 들어간 청일전쟁(1894년)부터 따지면 51년이다. 일본강점 기간을 늘려 잡는 것은 우리의 자존심을 불편하게 하는 것도 사실이지만, 청일전쟁 뒤부터 동학농민이 들고 일어나 일제에 맞서 싸운 무력항일투쟁 역사를 강조하기 위해서는 어느 정도 타당하다고 할 수 있다. 35년 또는 51년 동안 줄기차게 무력으로 독립투쟁에 나서 결국 독립을 쟁취한 것은 세계사적으로 대한민국이 거의 유일무이, 전무후무하다.

- 홍찬선 외, 『독도 플래시몹』(넥센미디어, 2016).
- 홍찬선, 『패치워크 인문학-역사 우울증을 뛰어넘다』(넥센미디어, 2019).
- 홍찬선, 『임시정부 100년 시대 조국의 기생충은 누구인가』(넥센미디어, 2020).
- 홍찬선, 『가는 곳마다 예술이요 보는 것마다 역사이다』(문화발전소, 2021).
- 황태연, 『백성의 나라 대한제국』(청계, 2017).
- 황태연, 『갑진왜란과 국민전쟁』(청계, 2017).
- 황태연 외, 『일제종족주의』(넥센미디어, 2019).
- 황현, 임형택 외 교주, 『매천야록』(문학과지성사, 2005).

see in 시인특선 068

홍찬선 제13시집
독도 연가 獨島戀歌

제1쇄 인쇄 2022. 8. 25
제1쇄 발행 2022. 8. 30

지은이 홍찬선
펴낸이 서정환
엮은이 민윤기
펴낸곳 문화발전소
서울시 종로구 삼일대로 32길 36 운현신화타워 305호
월간시 편집국 : 서울시 종로구 종로 1가 르메이에르 종로타운 1031호
Tel 02-742-5217 seepoet@naver.com

ISBN 979-11-87324-96-6 04810
ISBN 979-11-953101-1-1 (세트)

값 12,000원

ⓒ 2022 홍찬선
PRINTED IN KOREA

*저자와의 협약에 따라 인지는 생략합니다.
*파본 및 제본이 잘못된 책은 구입서점에서 교환하여 드립니다.
*이 책은 저작권법에 의하여 보호받는 저작물이므로
 이 책의 전부 또는 일부를 재사용하려면
 반드시 문화발전소와 저자의 허락을 받아야 합니다.